Marc Daniels

Aus der Reihe: e-fellows.net stipendiaten-wissen

e-fellows.net (Hrsg.)

Band 1394

Die Grundrechte in Deutschland

Ein Überblick

GRIN Verlag

Bibliografische Information der Deutschen Nationalbibliothek:

Die Deutsche Bibliothek verzeichnet diese Publikation in der Deutschen National-
bibliografie; detaillierte bibliografische Daten sind im Internet über http://dnb.d-
nb.de/ abrufbar.

Impressum:

Copyright © 2015 GRIN Verlag, Open Publishing GmbH
Druck und Bindung: Books on Demand GmbH, Norderstedt Germany
ISBN: 978-3-668-00449-8

Dieses Buch bei GRIN:

http://www.grin.com/de/e-book/301277/die-grundrechte-in-deutschland

GRIN - Your knowledge has value

Der GRIN Verlag publiziert seit 1998 wissenschaftliche Arbeiten von Studenten, Hochschullehrern und anderen Akademikern als eBook und gedrucktes Buch. Die Verlagswebsite www.grin.com ist die ideale Plattform zur Veröffentlichung von Hausarbeiten, Abschlussarbeiten, wissenschaftlichen Aufsätzen, Dissertationen und Fachbüchern.

Besuchen Sie uns im Internet:

http://www.grin.com/

http://www.facebook.com/grincom

http://www.twitter.com/grin_com

Einzelnes zu den jeweiligen Grundrechten

Inhaltsverzeichnis

I. Menschenwürde, Art. 1 I GG

Problem: **Grundrechtsgehalt? Kann die Menschenwürde Prüfungsmaßstab eine Verfassungsbeschwerde sein?**

e.A.: Art. 1 III GG gibt einen Hinweis darauf, dass Art. 1 I GG kein Grundrecht ist, wenn er sagt, dass „die *nachfolgenden* Grundrechte" Gesetzgebung, vollziehende Gewalt und Rechtsprechung als unmittelbar geltendes Recht binden. Deshalb liegt der Umkehrschluss nahe, dass der vorangehende Art. 1 I GG kein unmittelbar geltendes Grundrecht sein soll.

h.M.: Der Wortlaut in Satz 3 schließt die Menschenwürde als Grundrecht nicht aus. Vielmehr ergibt sich aus Art. I 2 GG, dass Art. 1 I 1 GG unmittelbar bindendes Recht darstellt. Einer Wiederholung in Art. 1 III GG bedarf es also nicht. Zudem steht Art. 1 I GG im Grundrechtsteil des Grundgesetzes (vgl. die Überschrift vor Art. 1 I GG: „Die Grundrechte"). Schließlich werden Schutzlücken geltend gemacht, wenn man den Grundrechtsgehalt der Menschenwürdegarantie nicht anerkennen würde.

Merke: Nur in den Fällen, in denen die Menschenwürdegarantie den Schwerpunkt darstellt, sollte der Grundrechtscharakter des Art. 1 Abs. 1 GG diskutiert werden.

1. Schutzbereich

a) Persönlicher Schutzbereich

Die Menschenwürde ist ein Jedermann-Grundrecht.

Schutz des werdenden Lebens:
Geschützt wird auch der Nasciturus.

Postmortaler Persönlichkeitsschutz:
Die Menschenwürde stellt sich damit nicht als subjektives Recht des Toten, sondern als objektiv-rechtliche Schutzpflicht des Staates dar, welche die Nachkommen geltend machen können.

b) Sachlicher Schutzbereich

-> Allgemeiner Eigenwert, der dem Menschen kraft seiner Persönlichkeit zukommt.

Der Mensch darf nicht zum bloßen Objekt staatlichen Handelns gemacht und nicht einer Behandlung ausgesetzt werden, die seine Subjektqualität prinzipiell in Frage stellt (Objektformel).

Fallkonstellationen:

> Verletzung der körperlichen Identität oder Integrität
> (Gefahrenabwendungsfolter, wrongful birth, wrongful life, Inzest,
> heimliche Vaterschaftstests, Verbot von Geschlechtsumwandlungen)
> Verletzung der geistig-seelischen Integrität
> Fehlende Grundsicherung individuellen oder sozialen Lebens
> (Besteuerung/Gewährleistung des (menschenwürdigen) Existenz-
> minimums, menschenwürdige Ausgestaltung des Strafvollzugs)
> Verletzung des postmortalen Persönlichkeitsrechts
> Beeinträchtigung des Kernbereichs privater Lebensgestaltung
> (Onlinedurchsuchung)
> sonstige Fallkonstellationen
> (Kampfspiele mit virtueller Tötungsmöglichkeit, finaler Rettungsabschuss,
> Schockwerbung)

Merke: Es muss eine gewissen Erheblichkeit der Verletzung vorliegen. (Nicht bei der Leichenöffnung im Ermittlungsverfahren oder dem Friedhofszwang für Urnen)

Beachte: Ist der Schutzbereich der Menschenwürde eröffnet, liegt zwangsläufig ein Eingriff in den Schutzbereich vor. Ein solcher ist stets unzulässig, denn die Würde des Menschen ist unantastbar (also nicht einschränkbar; eine Verletzung der Menschenwürde ist nicht zu rechtfertigen).

Hinweis: Als Kontrollüberlegung kann man anschließend überlegen, ob eine der anerkannten Fallgruppen einschlägig ist. Andernfalls sollte bloß das allgemeine Persönlichkeitsrecht (Art. 2 I GG i.V.m. Art. 1 I GG) herangezogen werden. In der Fallbearbeitung ist bei Art. 1 Abs. 1 GG besonders darauf zu achten, dass nicht jedes staatliche Handeln, das man persönlich für unerträglich hält, die Menschenwürde betrifft. Zumeist sind die speziellen Freiheitsrechte einschlägig. Deshalb empfiehlt sich ein Ausgehen von der Objektformel, da sich mit ihrer Hilfe am ehesten eine klare juristische Subsumtion vornehmen lässt.

II. Allgemeine Handlungsfreiheit, Art. 2 I GG

Merke: Die allgemeine Handlungsfreiheit ist grds. in allen Lebensbereichen thematisch einschlägig. Sie ist subsidiär zu speziellen Freiheitsrechte und vor möglicherweise einschlägigen Gleichheitsrechten zu prüfen.

1. Schutzbereich

a) Persönlicher Schutzbereich

-> Jedermann-Grundrecht (steht auch Ausländern zu, insbesondere, wenn sie sich nicht auf die Deutschen-Grundrechte berufen können).

Auch juristische Personen können sich auf Art. 2 I GG berufen.

b) Sachlicher Schutzbereich

e.A.: Geschützt wird nicht jede banale Tätigkeit, sondern nur die freie Entwicklung der Persönlichkeit. Arg.: Wofür sonst überhaupt spezielle Freiheitsrechte?

h.M.: Geschützt wird jedes Verhalten, also das Recht zu tun und zu lassen, was man will. Umfasst sind jedoch nur solche Verhaltensweisen, welches nicht von einem speziellen Freiheitsrecht erfasst werden, ohne Rücksicht darauf, welches Gewicht ihm für die Persönlichkeitsentfaltung zukommt, wobei nicht nur aktives Handeln, sondern auch Nichthandeln erfasst ist. Arg.: Lückenschließung, leichte Rechtfertigung, VHM

Hinweis: Art. 2 I GG ist gegenüber den speziellen Freiheitsrechten ein (subsidiäres Auffanggrundrecht. Ist der sachliche und persönliche Schutzbereich eines speziellen Freiheitsrechts eröffnet, tritt die allg. Handlungsfreiheit hinter diesem zurück.

Tipp: Wegen der Subsidiarität des Art. 2 I GG, ist mit der Grundrechtsprüfung der speziellen Freiheitsrechte zu beginnen. Ist der Schutzbereich des speziellen Grundrechts eröffnet, ist zu erwähnen dass hier eventuell auch Art. 2 I GG einschlägig wäre, dieses jedoch aufgrund des subsidiären Charakters zurücktritt.

2. Eingriff

Besonderheit: Nach h.M. schützt die allg. Handlungsfreiheit grundsätzlich nicht gegen Eingriffe i.S.d. modernen (nicht rechtlichen) Eingriffsbegriffs, um die Möglichkeit Verfassungsbeschwerde zu erheben, nicht ausufern zu lassen.

Beachte: Ein Eingriff in die allg. Handlungsfreiheit liegt nicht vor, wenn der Grundrechtsberechtigte im konkreten Fall auf seinen grundrechtlichen Schutz wirksam (nicht durch Zwang oder aufgrund von Willensmängeln) verzichtet hat, also in den Eingriff eingewilligt hat.

3. Rechtfertigung

Als Schrankenvorbehalte nennt Art. 2 I GG die verfassungsmäßige Ordnung, Rechte anderer und das Sittengesetz (Schrankentrias).

Beachte: Das Zitiergebot gilt bei Art. 2 I GG nicht.

Die verfassungsmäßige Ordnung bedeutet verfassungsmäßige Rechtsordnung, d.h. die Gesamtheit der Normen, die formell und materiell mit der Verfassung in Einklang stehen.

Da es sich um einen einfachen Gesetzesvorbehalt handelt, sind grds. alle formellen Gesetze, materielle Gesetze (Satzungen , Rechtsverordnungen) und die auf der Grundlage dieser Gesetze ergehenden Maßnahmen der Exekutive (Verwaltungsakte) erfasst.

Merke: Die Rechte anderer beschreiben subjektive Rechte. Diese sind, - da sie einer gesetzlichen Grundlage bedürfen -, bereits Bestandteil der verfassungsmäßigen Ordnung. Was unter dem Sittengesetz zu verstehen ist, ist umstritten. Stellt man auf die „guten Sitten" oder „Treu und Glauben" ab, sind diese normiert (§§ 138, 242 BGB) und daher ebenfalls von der verfassungsmäßigen Rechtsordnung erfasst.

Verhältnismäßigkeit:

Als Abwägungsdirektive: Je mehr der gesetzliche Eingriff elementare Äußerungsformen der menschlichen Handlungsfreiheit berührt, umso sorgfältiger müssen die zu seiner Rechtfertigung vorgebrachten Gründe gegen den grundsätzlichen Freiheitsanspruch des Bürgers abgewogen werden.

Abstraktes Merkmal: Lediglich Auffanggrundrecht -> somit kein hohes Gut von Verfassungsrang.

Allgemeines Persönlichkeitsrecht, Art. 2 I GG i.V.m. Art. 1 I GG

Das allg. Persönlichkeitsrecht gilt als Ausfluß der allg. Handlungsfreiheit durch richterliche Rechtsfortbildung gem. Art. 2 I GG i.V.m. Art. 1 I GG.

a) Persönlicher Schutzbereich

-> Jedermann-Grundrecht

Bei juristischen Personen (ungeklärt) kommt es auf die Wesensmäßigkeit an.

b) Sachlicher Schutzbereich

Das allg. Persönlichkeitsrecht umfasst den autonomen Bereich privater Lebensgestaltung und unterteilt sich in folgende Teilbereiche:

aa) Selbstbestimmungsrecht

Die Berechtigung, seine Identität selbst zu bestimmen.

Dazu gehört das Recht, sich der eigenen Identität zu vergewissern und die Freiheit, nicht in einer Weise belastet zu werden, die die Identitätsbildung und –behauptung massiv beeinträchtigt.

Bsp.: Recht auf Kenntnis der eigenen Abstammung, Namensrecht, Recht auf Beibehaltung des Geburtsnamens, Bestimmung der eigenen Fortpflanzung, Recht auf selbstbestimmte Sexualität, Recht auf sexuelle Selbstbestimmung, Recht des Vaters auf Kenntnis, ob ein rechtlich ihm zugeordnetes Kind tatsächlich von ihm abstammt, Recht eines Minderjährigen auf schuldenfreien Eintritt in die Volljährigkeit, Recht eines Straftäters auf Förderung seiner sozialen Integration.

bb) Selbstbewahrungsrecht

Gewährleistung, für sich und allein zu bleiben. Recht auf sozialen und räumlichen Rückzug und Abschirmung.

Bsp.: Schutz vor Krankheiten, Schutz der persönlichen Vermögensverhältnisse, Schutz vor dauerhafter polizeilicher Observation

cc) Selbstdarstellungsrecht

Schutz vor herabsetzender, verfälschender, entstellender und unerbetener öffentlicher Darstellung, aber auch unerbetener heimlicher Wahrnehmung seiner Person.

Bsp.: Schutz der persönlichen Ehre, Schutz vor Äußerungen, die geeignet sind, sich abträglich auf das Bild des Einzelnen in der Öffentlichkeit auszuwirken, Recht am eigenen Bild und Wort (dazu gehört Schutz vor heimlichen Mit- oder Abhören und Aufnehmen), Recht auf Gegendarstellung und Berichtigung

Merke: In Anknüpfung an das Recht auf Selbstdarstellung hat das BVerfG ein umfassendes Recht auf informationelle Selbstbestimmung entwickelt. Grundsätzlich soll jeder selbst entscheiden, wann und innerhalb welcher Grenzen persönliche Lebenssachverhalte offenbart werden. Das informationelle Selbstbestimmungsrecht enthält sowohl ein Recht auf Abwehr staatlicher Datenerhebungen und – verarbeitungen, als auch ein Recht auf deren Kenntnis.

Bsp.: offene Videoüberwachung öffentlicher Orte, präventiv polizeiliche Rasterfahndung, DNA – Analyse gem. § 81g StPO bei einem 14-jährigen

Hinweis: Das informationelle Selbstbestimmungsrecht stellt ein Auffangrecht dar.

dd) Gewährleistung der Vertraulichkeit und Integrität informationstechnischer Systeme

Vertraulichkeitsschutz: Die vom System erzeugten, verarbeiteten und gespeicherten Daten müssen vertraulich bleiben.

Integritätsschutz: Die Integrität des Systems muss gewahrt bleiben und darf nicht beschädigt sein. Datenbestände dürfen nicht manipuliert werden und auf das System darf nicht unbefugt durch Dritte zugegriffen werden können.

2. Eingriff

Beim allg. Persönlichkeitsrecht stellen alle beeinträchtigenden staatlichen Maßnahmen Eingriffe dar. Dies liegt auch daran, dass die meisten Eingriffe in das allg. Persönlichkeitsrecht eher faktischer statt rechtlicher Natur sind.

Beachte: Ein Eingriff in das allg. Persönlichkeitsrecht liegt nicht vor, wenn der Grundrechtsberechtigte im konkreten Fall auf seinen grundrechtlichen Schutz wirksam (nicht durch Zwang oder aufgrund von Willensmängeln) verzichtet hat, also in den Eingriff eingewilligt hat.

3. Rechtfertigung

Die Abwägungsdirektive der allg. Handlungsfreiheit wird beim allg. Persönlichkeitsrecht durch die Sphärentheorie konkretisiert.

Sphärentheorie

Merke: Die Sphärentheorie ist in der Angemessenheit anzusprechen.

1. Intimsphäre
Unantastbarer Kernbereich privater Lebensgestaltung.

-> Alle Eingriffe, die in die Intimsphäre eindringen, sind <u>stets unzulässig</u>.

Bsp.: Äußerung der innersten Gefühle oder Ausdrucksformen der Sexualität

2. Privatsphäre
Die private, der Öffentlichkeit entzogene Lebensgestaltung (engerer persönlicher Lebensbereich)

-> Eingriffe in die Privatsphäre sind nur zulässig, sofern sie unter strenger Wahrung des Verhältnismäßigkeitsgrundsatzes <u>im überwiegenden Allgemeininteresse</u> erfolgen.

Bsp.: heimliche Infiltration informationstechnischer Systeme

3. Individual- oder Sozialsphäre
Lebensbereich, in dem sich der Einzelne bewusst in der Öffentlichkeit bewegt (Schützt das Ansehen des Einzelnen in der Öffentlichkeit)

Eingriffe sind unter den allgemeinen Voraussetzungen zulässig.

III. Recht auf Leben und körperliche Unversehrtheit, Art. 2 II 2 GG

1. Schutzbereich

a) Persönlicher Schutzbereich

-> Jedermann-Grundrecht

Beachte: Es gibt kein lebensunwertes Leben.

Problem: **Nasciturus grundrechtsberechtigt?**

e.A.: (-), weil subjektive Rechtsstellung zu weitgehend

a.A.: (+), weil auch ungeborenes Leben schutzwürdig ist und der primäre Abwehrcharakter der Grundrechte und die Notwendigkeit der Effektivität des Grundrechtsschutzes gewahrt werden müssen.

b) Sachlicher Schutzbereich

Recht auf Leben

Leben meint das körperliche Dasein, d.h. die biologisch-physische Existenz des Menschen.

Beachte: Ein Recht auf Selbstmord kann nicht aus dem Recht auf Leben abgeleitet werden. Ein Recht auf Selbstmord ist durch die allg. Handlungsfreiheit geschützt.

Recht auf körperliche Unversehrtheit

Körperliche Unversehrtheit meint die Gesundheit im biologisch-physiologischen Sinne sowie das psychisch-seelische Wohlbefinden.

Merke: Über den Wortlaut hinaus garantiert das Recht auf körperliche Unversehrtheit auch das psychisch-seelische Wohlbefinden. Damit gebietet das Recht jedenfalls Schutz vor solchen psychischen Beeinträchtigungen, die in ihren Wirkungen körperlichen Schmerzen gleichkommen.

Merke: Das Recht auf Leben beginnt spätestens 14 Tage nach Einnistung in die Gebärmutter (Nasciturus) und endet mit dem Hirntod.

2. Eingriff

Eingriff in das Recht auf Leben:

Jeder Entzug und jede Gefährdung des Lebens stellt einen einwilligungsunfähigen Eingriff dar.

Bsp.: staatlich veranlasste Tötung, polizeilicher Todesschuss, finaler Rettungsabschuss gem. § 14 III LuftSiG.

Eingriff in die körperliche Unversehrtheit:

> Jede Antastung der körperlichen Unversehrtheit. (Solche Eingriffe liegen nicht nur dann vor, wenn Schmerzen zugefügt oder empfunden werden, sondern auch, wenn die Gesundheit geschädigt oder gefährdet wird).

Bsp.: Menschenversuche, Zwangskastration, Zwangssterilisation

Problem: Eingriff bei unwesentlicher Beeinträchtigung der körperlichen Unversehrtheit?

e.A.: Wegen der Geringfügigkeit schon kein Eingriff. Nicht jede als unangenehm empfundene Einwirkung auf den Körper könne erfasst werden. Nur Art. 2 I GG sei einschlägig.

a.A.: Eingriff (+), denn die Geringfügigkeit kann bei der Verhältnismäßigkeit berücksichtigt werden.

Beachte: In einen Eingriff in das Recht auf Leben kann nicht eingewilligt werden, weil das Leben nicht disponibel (wg. Absolutem Lebensschutz, starkem Bezug zur Menschenwürde und Unumkehrbarkeit der Entscheidung) ist. In einen Eingriff in das Recht auf körperliche Unversehrtheit kann hingegen eingewilligt werden, da dieses Rechtsgut disponibel ist.

3. Verfassungsrechtliche Rechtfertigung

Schranken:

In das Recht auf Leben und körperliche Unversehrtheit kann „auf Grund eines Gesetzes" eingegriffen werden.

Schranken-Schranken (Grenzen der Schranken):

-> Art. 102 GG bestimmt das die Todesstrafe abgeschafft wurde
(von Staats wegen angeordnete (repressive) Tötung eines Menschen zwecks Ahndung einer Straftat.

Merke: Daraus ergibt sich e.c., dass eine präventive staatliche Tötung verfassungsrechtlich grds. legitimiert ist. Voraussetzung ist jedoch, dass sie stets die ultima ratio bildet.

-> Nach Art. 104 I 2 GG dürfen festgehaltene Personen, d.h. Personen, die sich im staatlichen Gewahrsam befinden, weder körperlich noch seelisch misshandelt werden.

Merke: Umfasst sind nicht nur menschenunwürdige Behandlungen.

Greift weder Art. 102 GG noch Art. 104 I 2 GG, ist die Verhältnismäßigkeit zu prüfen.

IV. Freiheit der Person, Art. 2 II 2 GG

Art. 2 II 2 GG gewährleistet zusammen mit Art. 104 GG die Freiheit der Person.

1. Schutzbereich

a) Persönlicher Schutzbereich

Jedermann-Grundrecht (alle natürlichen Personen)

Merke: Auf juristische Personen i.S.d. Art. 19 III GG ist Art. 2 II 2 GG nicht anwendbar.

b) Sachlicher Schutzbereich

Schutz der körperlichen Bewegungsfreiheit in form von positiver und negativer Bewegungsfreiheit.

aa) Positive Bewegungsfreiheit:

Fortbewegungsfreiheit (Freiheit einen bestimmten Ort zu verlassen)

Freiheit des Einzelnen, sich von einem Ort fortzubewegen.

Merke: Nach h.M. wird die Hinbewegungsfreiheit, also die Freiheit, einen bestimmten Ort aufzusuchen nicht von Art. 2 II 2 GG erfasst, sondern nur von Art. 11 I GG.

bb) Negative Bewegungsfreiheit:

Fraglich ist, ob Art. 2 II 2 GG ebenfalls die Freiheit erfasst, einen bestimmten Ort zu meiden, bzw. nicht zu verlassen.

h.M.: (-), sofern es sich nur um eine Anordnung und nicht um staatlichen Zwang handelt, bleibt die körperliche Bewegungsfreiheit als solche erhalten.

a.A.: (+) , denn das Gebot, sich zu einem bestimmten Zeitpunkt an einem bestimmten Ort aufzuhalten, enthalte ein Bündel von Verboten, andere Orte aufzusuchen.

2. Eingriff

Freiheitsentziehung ist eine Beschränkung der körperlichen Bewegungsfreiheit, die auf einen eng umgrenzten Raum und nicht nur kurzfristig erfolgt.

Sonstige Freiheitsbeschränkungen sind Maßnahmen, die den Einzelnen durch physischen Zwang oder Drohung daran hindern, einen begrenzten Raum zu verlassen. In zeitlicher Hinsicht sind die sonstigen Freiheitsbeschränkungen auf die Dauer der Durchführung einer bestimmten Maßnahme begrenzt.

3. Verfassungsrechtliche Rechtfertigung

a) Schranke

Wie die Grundrechte aus Art. 2 II 1 GG steht das Grundrecht auf Freiheit der Person unter dem Vorbehalt des Art. 2 II 3 GG, nach dem in die Freiheit der Person „aufgrund eines Gesetzes" eingegriffen werden kann. Art. 104 I 1 GG überlagert jedoch den einfachen Gesetzesvorbehalt des Art. 2 II 3 GG und normiert eine qualifizierte Schranke für die Eingriffe in die Freiheit der Person. Erforderlich ist für alle Freiheitsbeschränkungen daher ein formelles Gesetz.

Nur bei der Freiheitsentziehungen sind – neben Art. 104 I 1 GG – die Verfahrensregeln des Art. 104 I 2 GG sowie Art. 104 Abs. 2 bis 4 GG zu beachten. Bei sonstigen Freiheitsbeschränkungen ist – neben Art. 104 I 1 GG – dagegen nur die Verfahrensregel des Art. 104 I 2 GG zu berücksichtigen.

Merke: In der VHMK ist darauf zu achten, dass das Gewicht des Freiheitsanspruchs gegenüber dem Interesse an einer wirksamen Strafverfolgung mit zunehmender Dauer der Freiheitsentziehung vergrößert wird.

V. Glaubensfreiheit, Art. 4 I, II GG

1. Schutzbereich

a) Persönlicher Schutzbereich
Hier sind drei Formen der Glaubensfreiheit zu unterscheiden:

aa) Individuelle Glaubensfreiheit
Die Glaubensfreiheit ist ein Jedermann-Grundrecht. Somit fällt jede einzelne natürliche Person in den persönlichen Schutzbereich der Glaubensfreiheit.

Merke: Sofern Minderjährige noch nicht grundrechtsmündig sind, werden sie von ihren gesetzlichen Vertretern (i.d.R. Eltern) vertreten.

bb) Kollektive Glaubensfreiheit
Gerade die Glaubensfreiheit stellt ein Grundrecht dar, das darauf angelegt ist, zusammen mit anderen Gläubigen in einer Gruppe wahrgenommen zu werden.

cc) Korporative Glaubensfreiheit
Auch juristische Personen oder sonstige Vereinigungen können sich auf die Glaubensfreiheit berufen, sofern deren Zweck die Pflege oder die Förderung des religiösen oder weltanschaulichen Bekenntnisses oder die Verkündung des Glaubens ihrer Mitglieder ist.

Somit werden auch nicht rechtsfähige Vereine, Religionsgesellschaften und weltanschauliche Vereinigungen geschützt, die gem. Art. 137 V, VII WRV i.V.m. Art. 140 GG den Status einer öffentlich-rechtlichen Körperschaft haben (wie bspw. die kath. und evangelische Kirche. Diese sind trotz ihres Status als jur. Pers. des öff. Rechts nicht Teil des Staates, Art. 137 I WRV i.V.m. Art. 140 GG).

Beachte: Ist die religiöse Gemeinschaft zugleich wirtschaftlich aktiv, ist fraglich ob sie noch in den persönlichen Schutzbereich der Glaubensfreiheit fällt. Maßgeblich für diese Beurteilung ist das Selbstverständnis der Gemeinschaft. Nach h.M. fällt auch eine karitative Tätigkeit inkl. Wirtschaftlichem Erfolg einer Religionsgemeinschaft in den Schutzbereich, sofern die ideelle Zielsetzung nicht nur vorgeschoben sind, um Gewinn zu erzielen.

b) Sachlicher Schutzbereich

Art. 4 I, II GG bilden zusammen ein umfassend zu verstehendes einheitliches Grundrecht der Glaubensfreiheit. Es wird die Freiheit gewährleistet, einen Glauben oder eine Weltanschauung zu bilden zu haben, zu äußern und entsprechend zu handeln.

-> Die Glaubensfreiheit schützt jedes glaubens- oder weltanschaulich-motivierte Denken, Reden oder Handeln.
Umfasst sind religiöse Anschauungen (Anschauungen, die das Wesen der Welt vor allem durch eine Gottesvorstellung und einen Jenseitsbezug erklären wollen) und Weltanschauungen (Anschauungen, die die Stellung des Menschen in der Welt antireligiös oder atheistisch erklären wollen). Maßgeblich ist, das eine

Wahrheitsüberzeugung gebildet wird, die das Wesen der Welt und die metaphysische Stellung des Einzelnen in der Welt betrifft.

Hinweis: Unter den Glaubensbegriff fallen keine Aktivitäten, die ausschließlich oder primär wirtschaftlichen Zielen dienen.

In Abs. 1 wird die Glaubensfreiheit in Form des <u>forum internum</u> (Das Recht, einen Glauben oder eine Weltanschauung zu <u>bilden, sich ihm anzuschließen und inne zu haben)</u>, sowie die Bekenntnisfreiheit in Form des <u>forum externum</u> (Das Recht diesen Glauben oder diese Weltanschauung <u>nach außen kundzutun) geschützt</u>. Abs. 2 schützt die Freiheit der Religionsausübung, also die Freiheit, das gesamte <u>Verhalten</u> an den Lehren dieses Glaubens oder dieser Weltanschauung auszurichten und demgemäß zu handeln. Der Schutz der Religionsausübung geht jedoch auch schon in Abs. 1 auf.

Beachte: Neben der positiven Glaubensfreiheit wird auch die negative Glaubensfreiheit geschützt, welche garantiert, keinen oder keinen bestimmten Glauben / keine bestimmte Weltanschauung haben zu müssen. Arg.: Art. 7 II, III 3 GG

2. Eingriff

Als Eingriff kommt jede staatliche Maßnahme in Betracht, die die in Art. 4 I, II GG geschützten Tätigkeiten regelt oder nicht nur unwesentlich behindert. Hierunter fallen sowohl <u>direkte unmittelbare</u> (Verbot einer religiösen Vereinigung, Verbot der Schachtung warmblütiger Tiere aus Glaubensgründen, Kruzifix-Verbot im Klassenzimmer), als auch <u>indirekte mittelbare</u> (Erteilung einer Gaststättenerlaubnis einer Disko neben einer Kirche) Eingriffe in die Glaubensfreiheit.

Aber auch <u>Realakte</u> (Bundesreg. nennt Osho-Bewegung Psychosekte) können Eingriffscharakter haben.

3. Verfassungsrechtliche Rechtfertigung

<u>Grds.</u> wird die Glaubensfreiheit vorbehaltlos gewährt. Sie unterliegt demnach keiner geschriebenen Schranke.

Achtung: Trotzdem bedürfen Eingriffe in die Glaubensfreiheit wegen des rechtsstaatlichen Vorbehalt des Gesetzes (Art. 20 III GG) immer einer formell-gesetzlichen Grundlage, auch wenn diese den Eingriff nicht rechtfertigen können. Nur Verfassungsrecht kann einen solchen Eingriff rechtfertigen.

Insbesondere sind hier verfassungsimmanente Schranken wie die Grundrechte Dritter zu nennen (bspw. kollidierende negative Glaubensfreiheit Dritter, kollidierender staatlicher Bildungs- und Erziehungsauftrag).

Beachte: Für die korporative Glaubensfreiheit gilt eine Ausnahme. Art. 137 III 1 WRV i.V.m. Art. 140 GG sieht einen Gesetzesvorbehalt vor (Bspw.: Bestimmungen im BImSchG über liturgisches Glockenleuten oder die Höhe eines Minaretts.

VI. Gewissensfreiheit, Art. 4 I GG

Hinweis: Die Gewissensfreiheit steht in engem Zusammenhang zur Glaubensfreiheit. Dennoch ist sie ein eigenständiges Grundrecht.

1. Schutzbereich

a) Persönlicher Schutzbereich

Art. 4 I GG enthält nach seinem Wortlaut ein Jedermann-Grundrecht. Da der Begriff des „Gewissens" an natürliche Eigenschaften des Menschen anknüpft, ist die Gewissensfreiheit wesensmäßig nicht auf juristische Personen anwendbar (Art. 19 III GG).

b) Sachlicher Schutzbereich

Merke: Gewissen ist ein real erfahrbares seelisches Phänomen, dessen Forderungen, Mahnungen und Warnungen für den Menschen unmittelbar evidente Gebote unbedingten Sollens darstellen.
7
Die Gewissensfreiheit schützt die Freiheit Gewissensentscheidungen vornehmen zu können. Eine Gewissensentscheidung ist jede ernste sittliche, d. h. an den Kategorien von „Gut" und „Böse" orientierte Entscheidung, die der Einzelne in einer bestimmten Lage als für sich bindend und unbedingt verpflichtend innerlich erfährt, sodass er gegen sie nur mit ernster Gewissensnot handeln könnte.

Wie die Glaubensfreiheit gewährleistet die Gewissensfreiheit ein forum internum (Recht, eine Gewissensüberzeugung zu bilden und zu haben) und ein forum externum (Recht, die Gewissensüberzeugung nach außen kundzutun und der Gewissensüberzeugung entsprechend zu handeln.

2. Eingriff

Ein Eingriff ist bei jeder staatlichen Maßnahme gegeben, die das geschützte Verhalten regelt oder faktisch bzw. mittelbar nicht unerheblich beeinträchtigt.

3. Verfassungsrechtliche Rechtfertigung

Auch die Gewissensfreiheit wird vorbehaltlos gewährt. Deshalb kann auch hier nur kollidierendes Verfassungsrecht die Gewissensfreiheit beschränken.

Die sich gegenüberstehenden Grundrechte müssen den schonendsten Kompromiss im Einzelfall finden.

VII. Meinungsfreiheit, Art. 5 I 1 (Var. 1) GG

1. Schutzbereich

a) Persönlicher Schutzbereich

Die Grundrechte des Art. 5 I GG gelten für jedermann. Damit sind alle natürlichen und gemäß Art. 19 III GG auch alle juristischen Personen Träger des Grundrechts.

Träger des Grundrechts sind nach der Rechtsprechung des BVerfG auch die öffentlich-rechtlichen Rundfunkanstalten wie das ZDF oder der WDR. Diese sind, da Art. 5 GG auf diese konstituierend wirkt, unmittelbar dem durch Art. 5 I 2 GG geschützten Lebensbereich zugeordnet, sodass ihnen selbst der Grundrechtsschutz zu Gute kommt.

b) Sachlicher Schutzbereich

(Meinungsbegriff)
Der Begriff der Meinung ist weit zu verstehen. Allgemein definiert man den Begriff der Meinung als Moment der Stellungnahme, des Dafürhaltens und des Meinens im Rahmen einer geistigen Auseinandersetzung. Jedenfalls umfasst er Werturteile, *gleichgültig auf welchen Gegenstand sie sich beziehen und welchen Inhalt sie haben.* Ein Werturteil ist anzunehmen, wenn die Äußerung durch Elemente der subjektiven Stellungnahme geprägt ist und keinem Wahrheitsbeweis zugänglich ist.

Achtung: Der Streit, ob auch Tatsachenbehauptungen vom Schutzbereich der Meinungsfreiheit umfasst werden, ist nur anzuführen, sofern es sich bei der in Frage stehenden Äußerung/Kundgebung um eine Tatsachenbehauptung handelt.

Fraglich ist, ob darüber hinaus auch Tatsachenbehauptungen vom Meinungsbegriff umfasst werden. Das sind solche Äußerungen, die dem Beweis zugänglich sind, also wahr oder falsch sein können.

Eine Ansicht sieht Tatsachenbehauptungen immer als schützenswerte Äußerungen i.S.d. Meinungsbegriffs.

Eine extreme Gegenansicht lässt wiederum Tatsachenbehauptungen mangels Wertung gar nicht erst in den Schutzbereich fallen.

Nach einer vermittelnden dritten Ansicht sind Tatsachen vom Meinungsbegriff umfasst, sofern sie Voraussetzung für die Bildung von Werturteilen sind.

Streitentscheid:

Merke: Grds. muss hier nur die zweite Ansicht entkräftet werden, sofern die in Rede stehende Tatsachenbehauptung der Meinungsbildung beiträgt.

Die zweite Ansicht lässt unberücksichtigt, dass auch Tatsachenbehauptungen dem Meinungsbildungsprozess dienen. Außerdem ist Art. 5 I 1 GG im Lichte von Art. 10 I 2 EMRK zu betrachten, welcher auch die Informationsäußerung schützt. Zudem ist eine Abgrenzung zwischen Werturteilen und Tatsachenbehauptungen häufig schwierig.

Beachte: Nicht umfasst vom Meinungsbegriff sind solche Tatsachen, die erwiesen unrichtig sind, weil sie zur Meinungsbildung auf zutreffender Tatsachengrundlage nicht beitragen können.

(Form der Meinungsäußerung)
Geschützt ist jede Form der Meinungskundgabe, soweit sie sich auf eine geistige Auseinandersetzung beschränkt.

Achtung: Die Kundgabe einer Meinung mittels Zwang, Gewalt oder Druck wird nicht geschützt.

Merke: Auch konkludente Ausdrucksformen werden nicht ausgeschlossen. Auch Fragen fallen unter dem Schutz der Meinungsfreiheit.

1. Hinweis: Ob die Äußerung begründet oder grundlos, emotional oder rational ist, als wertvoll oder wertlos, gefährlich oder harmlos eingeschätzt wird, ist unerheblich.

2. Hinweis: Geschützt sind auch Äußerungen, die auf eine Beseitigung der verfassungsmäßigen Ordnung abzielen.

3. Hinweis: Sogar eine Meinung mit beleidigendem Inhalt kann in den sachlichen Schutzbereich der Meinungsfreiheit fallen, nicht jedoch eine Äußerung, bei der nicht mehr die sachliche Auseinandersetzung, sondern die Diffamierung eines Adressaten im Vordergrund steht (sog. „Schmähkritik"). Auch Formalbeleidigungen sind nicht vom Schutzbereich umfasst.

Beachte: Art. 5 I 1 (Var. 1) GG garantiert auch die sog. negative Meinungsfreiheit, d.h. die Freiheit, seine Meinung nicht zu äußern und nicht zu verbreiten.

Hinweis: In der Fallbearbeitung kann eine Abgrenzung zwischen der Meinungsfreiheit und der Versammlungsfreiheit erforderlich werden, wenn in einer Versammlung oder durch eine Versammlung Meinungen geäußert werden. Am Maßstab der Meinungsfreiheit sind solche staatliche Beschränkungen zu messen, die den Inhalt oder die Form der Meinungsäußerung betreffen, auch wenn die Meinungsäußerung in einer Versammlung oder durch eine Versammlung erfolgt (sog. meinungsspezifische Beschränkungen). Am Maßstab der Versammlungsfreiheit sind dagegen solche staatliche Beschränkungen zu messen, durch die die Versammlung verboten, aufgelöst oder die Art und Weise ihrer Durchführung beschränkt wird (sog. **versammlungsspezifische Beschränkungen**).

2. Eingriff

Die Meinungsfreiheit kann vor allem durch Verbote, Meinungen zu äußern oder zu verbreiten, beeinträchtigt werden. Einen besonders schwerwiegenden Eingriff stellt die strafrechtliche Sanktion einer Meinungsäußerung (z.B. gem. § 90a I Nr. 2 StGB) dar.

3. Verfassungsrechtliche Rechtfertigung

a) Schranken

Art. 5 II GG enthält drei Grundrechtsschranken (Schrankentrias) in Form <u>qualifizierter Gesetzesvorbehalte</u>. Von <u>zentraler Bedeutung</u> ist die Grundrechtsschranke der <u>allgemeinen Gesetze</u>, während die beiden anderen Schranken (<u>gesetzliche Bestimmungen zum Schutze der Jugend</u>, sowie <u>Recht der persönlichen Ehre</u>) grds. Unterfälle der allgemeinen Gesetze sind und dementsprechend <u>geringe Bedeutung</u> haben. Gleichwohl sind die beiden letzteren Schranken eigenständige Grundrechtsschranken und erfordern gerade kein allgemeines Gesetz i.S.d. ersten Schranke.

aa) Allgemeine Gesetze

Merke: Orientiert man sich streng am Wortlaut, könnte man all jene Gesetze für „allgemein" halten, die für alle gleichermaßen gelten und nicht bloß einen Einzelfall regeln (abstrakt-generelle Regelungen). <u>Dieser Auslegung steht allerdings ein zwingendes systematisches Argument entgegen</u>: Das <u>Verbot des Einzelfallgesetzes enthält bereits Art. 19 I 1 GG</u>, sodass <u>Art. 5 II GG bei dieser Auslegung faktisch kein qualifizierter, sondern ein einfacher Gesetzesvorbehalt wäre. Dem Wort „allgemein" käme keine begrenzende Funktion mehr zu.</u>

> (Kombinationslehre)
> Allgemein sind Gesetze dann, wenn sie sich <u>nicht gegen bestimmte Meinungen richten (Sonderrechtslehre)</u>, sondern dem Schutz eines schlechthin zu schützenden <u>überwiegenden Rechtsguts dienen (Abwägungslehre)</u>.

Merke: Das Gesetz muss dem Schutze eines Gemeinschaftswertes dienen, der gegenüber der Betätigung der Meinungsfreiheit Vorrang hat.

Hinweis: In der Fallbearbeitung prüfen Sie die Kombinationslehre also in <u>zwei Schritten</u>: Im ersten Schritt untersuchen Sie, <u>ob sich das Gesetz gerade gegen eine Meinung bestimmten Inhalts bzw. die Äußerung einer Meinung bestimmten Inhalts richtet</u>. Wenn dies der Fall ist, liegt kein allgemeines Gesetz i.S.d. Art. 5 II GG vor und kann daher die Meinungsfreiheit nicht einschränken. Andernfalls prüfen Sie in einem zweiten Schritt, ob <u>die Einschränkung dem Schutz eines schlechthin zu schützenden Rechtsgutes dient, das Vorrang gegenüber der Meinungsfreiheit genießt</u>. Hier nehmen Sie eine nur *abstrakte* Güterabwägung vor.

Beachte: Allgemeine Gesetze i.S.d. Art. 5 Abs. 2 GG können formelle Gesetze, alle materiellen Gesetze (Rechtsverordnungen, Satzungen), Gewohnheitsrecht und staatsvertragliche Bestimmungen sein.

Hinweis: Art. 5 I GG gewährt keinen Deck- oder Schutzmantel, unter welchem Straftaten sanktionslos begangen werden dürfen (keine strafrechtliche Immunität).

Eine weitere Grundrechtsschranke für die Meinungsfreiheit enthält <u>Art. 17a I GG</u> für Berufs- und Zeitsoldaten sowie für Grundwehrdienst- und Zivildienstleistende.

b) Schranken-Schranken

aa) Wechselwirkungslehre (anderer Begriff für die VHMK bei Art. 5 GG, welcher in jeder Klausur genannt werden sollte).

bb) Zensurverbot

Das Zensurverbot des Art. 5 I 3 GG, das für alle Kommunikationsgrundrechte aus Art. 5 I GG gilt, schränkt Art. 5 II GG ein. Dies bedeutet, dass eine Grundrechtsschranke nach Art. 5 Abs. 2 GG keine Zensur enthalten darf. Mit <u>Zensur ist in Art. 5 I 3 GG nur die sog. (staatliche)</u> **Vorzensur** gemeint. <u>Vorzensur findet statt, wenn die öffentliche Gewalt vor der Herstellung oder der Verbreitung eines Geisteswerkes einschränkende Maßnahmen ergreift,</u> insbesondere wenn sie den Inhalt des Geisteswerkes von einer <u>behördlicher Vorprüfung und einer Genehmigung</u> abhängig macht (sog. Verbot mit Erlaubnisvorbehalt).

Merke: Die sog. (staatliche) Nachzensur, d.h. die Reaktion auf eine erfolgte öffentliche Verbreitung, fällt demgegenüber nicht unter Art. 5 I 3 GG.

VIII. Informationsfreiheit, Art. 5 I 1 (Var. 2) GG

1. Schutzbereich

a) Persönlicher Schutzbereich

(Siehe Meinungsfreiheit)

b) Sachlicher Schutzbereich

Geschützt wird der ungehinderte Zugang zu allgemein zugänglichen Informationsquellen.

Eine Informationsquelle ist allgemein zugänglich, wenn sie geeignet und bestimmt ist, der Allgemeinheit, also einem individuell nicht bestimmbaren Personenkreis Informationen zu verschaffen.

Hinweis: Nicht allgemein zugänglich ist der Bereich der Exekutive. Ein Recht auf Akteneinsicht folgt daher nicht aus Art. 5 Abs. 1 S. 1 Var. 2 GG.

Quellen sind zum einen jeder denkbare Träger von Informationen, zum anderen die Information selbst.

Als Verhaltensweisen schützt Art. 5 I 1 Var. 2 GG nicht nur die Entgegennahme von Informationen, sondern auch das aktive Beschaffen von Informationen.

Merke: Art. 5 I 1 Var. 2 GG schützt auch die sog. negative Informationsfreiheit, d.h. die Freiheit, staatliche Informationen nicht zur Kenntnis zu nehmen. Er begründet allerdings keinen Anspruch auf Schutz vor aufgedrängten Informationen durch Private.

2. Eingriff

Die Informationsfreiheit wird vor allem durch staatliche Maßnahmen beeinträchtigt, die den Zugang zur Information verhindern oder verzögern.

IX. Pressefreiheit, Art. 5 I 2 (Var. 1) GG

1. Schutzbereich

a) Persönlicher Schutzbereich

Bei der Pressefreiheit handelt es sich nach dem Wortlaut des Art. 5 I 1 GG („jeder") um ein Jedermann-Grundrecht. In den persönlichen Schutzbereich der Pressefreiheit fallen daher alle „im Pressewesen tätigen Personen und Unternehmen". Dazu gehören z.b. Verleger, Herausgeber, Redakteure, Journalisten, Buchhalter im Presseunternehmen, Sachbearbeiter in der Anzeigenabteilung, Presseagenturen.

Die Leserschaft ist dagegen nicht grundrechtsberechtigt. Sie wird durch die Informationsfreiheit geschützt.

b) Sachlicher Schutzbereich

Presse sind alle zur Verbreitung geeigneten und bestimmten Druckerzeugnisse.

-> Allg. Zugänglichkeit
-> Periodische und einmalige Veröffentlichungen

Bsp.: Zeitungen, Zeitschriften, Bücher, Flugblätter, Handzettel, Aufkleber, Plakate, Anzeigenteil einer Zeitung, alle Informationsträger, die nicht unter den Rundfunk- und Filmbegriff fallen (z.B. CDs, CD-ROMs, Disketten). Die Landespressegesetze (z.B. § 7 Abs. 1 PresseG NW) subsumieren auch Ton- und Bildträger unter den (einfach-gesetzlichen) Pressbegriff und tragen dadurch dem gesellschaftlichen und technischen Wandel Rechnung.

Zur Verbreitung geeignet und bestimmt sind die Druckerzeugnisse, wenn sie vervielfältigt werden und der Adressatenkreis unbestimmt ist.

Als Verhaltensweisen schützt die Pressefreiheit nicht nur das Presseerzeugnis selbst, sondern alle mit der Pressearbeit zusammenhängenden Tätigkeiten. Dies reicht „von der Beschaffung der Information bis zur Verbreitung der Nachrichten und Meinungen. Im Mittelpunkt der Pressefreiheit steht die Freiheit der Gründung und der Gestaltung von Presseerzeugnissen.

1. Hinweis: Während die rechtswidrige Beschaffung von Informationen nicht geschützt ist, fällt die Verbreitung rechtswidrig erlangter/beschaffter Informationen in den sachlichen Schutzbereich der Pressefreiheit

2. Hinweis: Daneben enthält es aber auch eine institutionelle Garantie, nämlich die Institution der freien Presse. Daraus leitet das Bundesverfassungsgericht eine staatliche Schutzpflicht mit Blick auf ein freies Pressewesen und die grundsätzliche Zulässigkeit der sog. Pressesubventionierung ab, die durch den parlamentarischen Gesetzgeber geregelt werden muss.

Beachte: In der Fallbearbeitung kann es notwendig sein, die Pressefreiheit von der Meinungsfreiheit abzugrenzen. Hierbei hilft Ihnen die Erkenntnis, dass der sachliche Schutzbereich der Pressefreiheit institutionell interpretiert wird. Bei der Pressefreiheit „geht es um die einzelne Meinungsäußerungen übersteigende Bedeutung der Presse für die freie individuelle und öffentliche Meinungsbildung". Die Pressefreiheit schützt die pressespezifische Kommunikation, während die einzelne Pressemeinung, also die in einem Presseerzeugnis enthaltene Meinung, durch die Meinungsfreiheit geschützt wird.

2. Eingriff

Zu den klassischen Eingriffen in die Pressefreiheit gehören z.B. Berufsausübungsverbote für Redakteure, Durchsuchungen von Redaktionsräumen und Beschlagnahme von Pressematerial, Beschlagnahme von Zeitungen, Hinweis in einem Verfassungsschutzbericht auf den Verdacht verfassungsfeindlicher Bestrebungen eines Presseverlages.

3. Verfassungsrechtliche Rechtfertigung

Siehe Rechtfertigung zur Meinungsfreiheit.

X. Rundfunkfreiheit, Art. 5 I 2 (Var. 2) GG

1. Schutzbereich

a) Persönlicher Schutzbereich

Die Rundfunkfreiheit stellt nach dem Wortlaut des Art. 5 I 1 GG („jeder") ein Jedermann-Grundrecht dar. In den persönlichen Schutzbereich der Rundfunkfreiheit fallen demnach zunächst alle natürlichen Personen und juristische Personen i.S.d. Art. 19 III GG, die eigenverantwortlich Rundfunk betreiben. Dazu gehören die privaten Rundfunkanstalten, aber auch und vor allem die öffentlich-rechtlichen Rundfunkanstalten.

b) Sachlicher Schutzbereich

(Rundfunkbegriff)
Rundfunk ist jede an eine unbestimmte Vielzahl von Personen gerichtete drahtlose oder drahtgebundene Übertragung von Gedankeninhalten durch elektromagnetische Wellen.

Merke: Zum Rundfunk gehört nicht nur der Hörfunk, sondern auch das Fernsehen.

Auch Kabelhörfunk, Kabel-TV, Pay-TV, Videotext sowie elektronische Aufruf- und Zugriffsdienste über das Internet sind geschützt. Von der Presse unterscheidet sich der Rundfunk durch den technischen Verbreitungsweg. Wie bei der Pressefreiheit kommt es nicht auf den Inhalt des Programms an. Daher werden z.B. auch Werbesendungen geschützt.

(Begriff der Berichterstattungsfreiheit)
Der Begriff der Berichterstattung ist bei der Rundfunkfreiheit weit zu verstehen. Er erfasst alle Tätigkeiten, die mit der Veranstaltung von Rundfunk zusammenhängen. Wie bei der Pressefreiheit reicht dies von der Beschaffung der Information und der Produktion der Sendungen bis zu ihrer Verbreitung. In den sachlichen Schutzbereich der Rundfunkfreiheit fällt auch die Freiheit, Programme auszuwählen, ihren Inhalt zu bestimmen und auszugestalten (Programmgestaltungsfreiheit), und die Freiheit der Berichterstattung. Geschützt ist ferner das Redaktionsgeheimnis.

2. Eingriff

In die Rundfunkfreiheit wird vor allem durch staatliche Einflussnahme auf die Auswahl, den Inhalt und die Ausgestaltung des Programms eingegriffen; ferner z.B. durch die Verpflichtung der Rundfunkanstalt, Wahlwerbespots auszustrahlen, und das Verbot, am Rande einer Hauptverhandlung Bild- und Fernsehaufnahmen vom Geschehen zu machen.

XI. Filmfreiheit, Art. 5 I 2 (Var. 3) GG

Merke: Im Vergleich zu den anderen Kommunikationsgrundrechten aus Art. 5 I GG hat die Filmfreiheit geringe praktische Bedeutung. Dies ist darauf zurückzuführen, dass sie in den wohl meisten Fällen von anderen Grundrechten verdrängt wird. Dies gilt insbesondere, wenn ein Film ein Kunstwerk darstellt, was z.B. bei Spielfilmen denkbar ist. In diesem Falle ist die Kunstfreiheit lex specialis gegenüber der Filmfreiheit. Auch die Rundfunkfreiheit verdrängt in ihrem Anwendungsbereich die Filmfreiheit.

1. Schutzbereich

a) Persönlicher Schutzbereich

In den persönlichen Schutzbereich des Jedermann-Grundrechts der Filmfreiheit (vgl. Wortlaut des Art. 5 I 2 GG „jeder") fallen alle natürlichen Personen und juristischen Personen i.S.d. Art. 19 III GG, die die geschützten Tätigkeiten ausüben.

Die Zuschauer werden allerdings nicht durch die Film-, sondern durch die Informationsfreiheit geschützt.

b) Sachlicher Schutzbereich

(Filmbegriff)
Film ist eine ortsgebundene an die Öffentlichkeit gerichtete Übermittlung von Gedankeninhalten durch Bilderreihen, die zur Projektierung bestimmt und zumeist mit einer Tonspur verbunden sind.

Hinweis: Filme sind chemisch-optische Bildträger (meist mit Tonspur verbunden), elektronische Bild-Ton-Träger oder sonstige Bild-Ton-Träger (z.B. Videobänder, DVDs). Im Gegensatz zum Rundfunk werden Filme am Ort des Abspielens der Öffentlichkeit vorgeführt.

(Begriff der Berichterstattung)
Berichterstattung meint die Herstellung und die Verbreitung von Filmen.

Bsp.: Erstellung des Drehbuchs, Aufnahmen, Herstellung von Kopien, der Filmverleih, das Abspielen des Films, (soweit dies nicht der Zuschauer selbst vornimmt.)

Anders als der Wortlaut des Art. 5 I 2 GG vermuten lässt, fällt nicht nur die Berichterstattung im eigentlichen Sinne, sondern auch der Inhalt der Filme in den sachlichen Schutzbereich der Filmfreiheit. Ferner ist – wie bei der Presse- und Rundfunkfreiheit – auch bei der Filmfreiheit die Werbung für einen Film garantiert.

XII. Kunstfreiheit, Art. 5 III 1 Alt. 1 GG

Art. 5 III 1 GG dient dem Schutz der schöpferischen Kraft des Einzelnen.

1. Schutzbereich

a) Persönlicher Schutzbereich

-> Jedermann-Grundrecht

In ihren persönlichen Schutzbereich fallen alle natürlichen Personen, die eine im Werk- und Wirkbereich geschützte Tätigkeit ausüben, sowie juristische Personen i.S.d. Art. 19 III GG.

b) Sachlicher Schutzbereich

aa) Kunstbegriff

Der Begriff der Kunst kann nicht generell definiert werden.

Merke: Es ist dem Staat aufgrund der notwendigen Offenheit des Kunstbegriffs verwehrt, Kunst zu definieren. Dürfe er Kunst definieren, würde er sich zum staatlichen Kunstrichter aufspielen.

Es gibt drei nicht abschließende Formeln zur Bestimmung bzw. Konkretisierung des Kunstbegriffs.

1. Formel
Kunst ist bei Vorliegen bestimmter Werktypen gegeben (formaler Kunstbegriff)
Kritik: Der formale Kunstbegriff ist zu eng. Avantgardistische (revoluzionäre) neue Werktypen sind nicht erfasst. Zudem kann der Werktyp nicht allein maßgeblich sein.
Beachte: Es kommt beim formalen Kunstbegriff auf die Zuordnung des Werkes zu einer klassischen Kunstform an.
2. Formel
Kunst ist die freie schöpferische Gestaltung, in der Eindrücke, Erfahrungen, Erlebnisse des Künstlers durch das Medium einer bestimmten Formensprache zu unmittelbarer Anschauung gebracht werden (materieller Kunstbegriff).
Beachte: Durch das Merkmal „freie schöpferische Gestaltung" unterscheidet sich Kunst von bloßer Reproduktion (bspw. Restaurierungen alter Möbel).
3. Formel
Kunst zeichnet sich durch die Mannigfaltigkeit ihrer Aussage aus, die ständig neue, weitreichende Interpretation zulässt (offener Kunstbegriff).

bb) Umfang der Gewährleistungsfreiheit

Die Kunstfreiheit gewährleistet den sog. Werkbereich. Dieser erfasst den gesamten Vorgang künstlerischer Betätigung beginnend mit der Idee, über die Vorbereitung des Kunstwerks bis zum Entstehen des Kunstwerks. Daneben garantiert die Kunstfreiheit auch den sog. Wirkbereich. Dieser umfasst insbesondere die Vervielfältigung, die Verbreitung und die Veröffentlichung des Kunstwerks. Ebenso erfasst ist die Werbung für das Kunstwerk.

Hinweis: „Unfriedliche Kunst" (Vandalismus und Sachbeschädigung) fällt nicht unter den Schutzbereich der Kunstfreiheit.

2. Eingriff

3. Rechtfertigung

> grds. vorbehaltlos gewährleistet
> keine Schrankenleihe von Art. 5 II GG
> aber verfassungsimmanente Schranken beachten

XIII. Wissenschaftsfreiheit, Art. 5 III 1 Alt. 2 GG

1. Schutzbereich

a) Persönlicher Schutzbereich

In persönlicher Hinsicht schützt Art. 5 III 1 Alt. 2 GG jeden, der im Bereich von, Forschung und Lehre tätig ist. Dies sind alle Wissenschaftler, vor allem Hochschullehrer, aber auch Assistenten und Studenten. Erforderlich ist jeweils eine eigene wissenschaftliche Tätigkeit; eine bloße Mittler-, Hilfs- oder Finanzierungsfunktion reicht nicht aus. Auch juristische Personen können sich gemäß Art. 19 III GG auf die Wissenschaftsfreiheit berufen, soweit sie selbst wissenschaftliche Tätigkeit veranlassen. Die Wissenschaftsfreiheit steht darüber hinaus auch den öffentlich-rechtlich verfassten Hochschulen ebenso wie deren Fakultäten und Fachbereichen zu.

b) Sachlicher Schutzbereich

Art. 5 III 1 Alt. 2 GG schützt die Freiheit von Wissenschaft, Forschung und Lehre, wobei Wissenschaft den Oberbegriff von Forschung und Lehre bildet.

Wissenschaft meint jede Tätigkeit, die nach Inhalt und Form als ernsthafter und planmäßiger Versuch eines Beitrags zur Ermittlung objektivierbarer Wahrheit zu sehen ist.

Merke: Von Ernsthaftigkeit i.d.S. kann nur bei einem gewissen Kenntnisstand gesprochen werden. Von Planmäßigkeit, wenn es sich um einen methodisch geordneten Versuch zur Ermittlung der Wahrheit handelt.

Beachte: Auf die Richtigkeit der Methoden und Ergebnisse oder die Stichhaltigkeit der Argumente kommt es nicht an.

Hinweis: Zudem garantiert die Wissenschaftsfreiheit außerdem ein Leistungsrecht im weiteren Sinne, vor allem auf Bereitstellung ausreichender personeller, finanzieller und organisatorischer Mittel.

aa) Forschungsbegriff

Forschung ist der nach Inhalt und Form ernsthafte und planmäßige Versuch zur Ermittlung der Wahrheit, und zwar in einem methodisch geordneten Verfahren mit einem Kenntnisstand, der in der Regel auf einem wissenschaftlichen Studium beruht.

Merke: Der hierdurch gewährleistete Grundrechtsschutz ist umfassend. Er erfasst daher auch z.B. vorbereitende und unterstützende Tätigkeiten; ferner die Organisation der Forschung sowie die Veröffentlichung von Forschungsergebnissen.

bb) Lehrbegriff

Lehre ist die wissenschaftlich fundierte Übermittlung der durch die Forschung gewonnenen Erkenntnisse.

Beachte: Von der wissenschaftlichen Lehre erfasst wird die Weitergabe eigener und fremder durch die Forschung gewonnener Erkenntnisse. Zugleich garantiert die Forschungsfreiheit Hochschullehrern das Recht, den Ablauf und die methodische Ausgestaltung der Lehrveranstaltungen zu bestimmen

2. Eingriff

3. Rechtfertigung

> Lehrfreiheit unterliegt der Treueklausel, Art. 5 III 2 GG (Pflicht in Lehrveranstaltungen zur Loyalität im Bezug auf die freiheitlich-demokratische Grundordnung.)
> grds. vorbehaltlos gewährleistet
> keine Schrankenleihe von Art. 5 II GG
> aber verfassungsimmanente Schranken beachten

XIV. Schutz von Ehe und Familie, Art. 6 I GG

1. Schutzbereich

a) Persönlicher Schutzbereich

-> Jedermann-Grundrecht

b) Sachlicher Schutzbereich

aa) Ehe

(1) Begriff

Ehe ist die <u>Verbindung eines Mannes und einer Frau</u> zu einer <u>grundsätzlich unauflöslichen Lebensgemeinschaft</u>.

Durch <u>freien Entschluss unter staatlicher Mitwirkung</u> begründete, <u>auf Dauer angelegte, gleich berechtigte Lebensgemeinschaft</u> von Mann und Frau<u>, über deren Ausgestaltung beide frei bestimmen können.</u>

Merke: Neben der „klassischen" Ehe fallen hierunter auch sog. hinkende Ehen, d.h. solche Ehen, die nur nach ausländischem Recht wirksam geschlossen wurden. Namens-, Aufenthalts- oder Scheinehen sind demgegenüber ebenso wenig erfasst wie nichteheliche Lebensgemeinschaften und eingetragene Lebenspartnerschaften.

(2) Gewährleistungsumfang

Das Recht auf Schutz der Ehe aus Art. 6 I GG garantiert die Eheschließung, das eheliche Zusammenleben bis zur Ehescheidung. Geschützt sind daher z.B. die freie Wahl des Ehepartners, die Aufgabenverteilung der Ehepartner, die finanziellen Beziehungen innerhalb der Ehe, Ehe- und Familienname, die Entscheidung der Eheleute, zusammen zu wohnen und die gemeinsame Wohnung selbst bei einer beruflichen Veränderung eines Ehegatten, die mit einem Ortswechsel verbunden ist, zu erhalten.

bb) Familien

(1) Begriff

Familie ist die umfassende Gemeinschaft zwischen Eltern und ihren Kindern.

Hinweis: Die umfassende Gemeinschaft kann auf natürlicher oder lediglich gesetzlicher Verwandtschaft (z.B. infolge Adoption Minderjähriger oder anerkannter Vaterschaft) beruhen. Nach aktueller Rechtsprechung des Bundesverfassungsgerichts ist als Familie auch die sozial-familiäre Gemeinschaft geschützt, die aus eingetragenen Lebenspartnern und dem leiblichen oder angenommenen Kind eines Lebenspartners besteht.

(2) Gewährleistungsumfang

In den sachlichen Schutzbereich des Rechts auf Schutz der Familie aus Art. 6 II GG fallen alle Bereiche familiären Zusammenlebens. Dazu gehören z.B. die Familiengründung und die freie Entscheidung der Eltern, ob und ggf. wie viele Kinder sie haben wollen.

2. Eingriff

3. Rechtfertigung

-> nur verfassungsimmanente Schranken

XV. Elternrecht, Art. 6 II, III GG

1. Schutzbereich

a) Persönlicher Schutzbereich

Leibliche Eltern, Adoptiveltern, Eltern eines nichtehelichen Kindes, zwei Personen gleichen Geschlechts, die gesetzlich als Eltern eines Kindes anerkannt sind,

Beachte: Nicht umfasst sind die Pflegeeltern und die Großeltern.

b) Sachlicher Schutzbereich

Das Elternrecht schützt die Eltern-Kind-Beziehung und sichert den Eltern das Recht auf Pflege und Erziehung ihrer Kinder.

Pflege meint die Sorge für das körperliche Wohl sowie die seelische und geistige Entwicklung des Kindes.

Erziehung meint die Bildung und Ausbildung des Kindes.

Merke: Die Eltern entscheiden frei über die Art und Weise, das Ausmaß und die Intensität von Pflege und Erziehung ihres Kindes. Hierzu gehört vor allem das Recht der Eltern, frei über die religiöse oder weltanschauliche Erziehung des Kindes zu entscheiden. Dieses Recht steht in engem Zusammenhang mit dem Grundrecht auf Glaubensfreiheit; für die elterliche Entscheidung über die Teilnahme ihres Kindes am Religionsunterricht enthält Art. 7 II GG eine konkretisierende Ergänzung des Elternrechts

Beachte: Neben der Pflege und Erziehung des Kindes werden auch die gemeinsame Sorgetragung und das Umgangsrecht eines Elternteils mit dem Kind36 geschützt.

2. Eingriff

3. Verfassungsrechtliche Rechtfertigung

aa) Elternpflicht (Art. 6 II 1 GG)

bb) Ausübung des staatlichen Wächteramtes (Art. 6 II 2 GG)

-> Qualifizierter Schrankenvorbehalt bzgl. des Verhinderns bzw. Beendens eines Missbrauchs des Elternrechts

cc) Kollidierendes Verfassungsrecht

Beachte: Art. 6 III GG bildet eine Schranken-Schranke bei der Trennung der Eltern von ihren Kindern.

XVI. Schulwesen, Art. 7 I GG

1. Schutzbereich

a) Persönlicher Schutzbereich

Bei Art. 7 III 1 GG (Religionsunterrichtspflicht) sind jedenfalls Religionsgemeinschaften vom subjektiven Schutzbereich umfasst.

Merke: Da es sich bei der Religionsunterrichtspflicht lediglich um eine Institutionsgarantie handelt, ist es steitig, ob diese auch Rechte für den Einzelnen darstellen.

In den persönlichen Schutzbereich des Grundrechts aus Art. 7 II GG fallen nur die Erziehungsberechtigten, nicht dagegen der religionsmündige Schüler. Dessen Recht, selbst über die Teilnahme am Religionsunterricht zu entscheiden, folgt aus seiner Glaubensfreiheit.

b) Sachlicher Schutzbereich

Schulen sind auf gewisse Dauer berechnete, an fester Stätte bestehende Einrichtungen der Erziehung und des Unterrichts.

aa) Religionsunterrichtspflicht, Art. 7 III 1 GG (institutionelle Garantie)

Verpflichtung zur Einrichtung, Organisation und Kostentragung von Religionsunterricht als ordentliches Lehrfach an öffentlichen Schulen.

Merke: Institutionelle Garantien sind jedoch Verfassungsvorschriften, die jedenfalls nicht in erster Linie auf die Gewährung subjektiver Rechte (Rechte für den Einzelnen), sondern auf die objektiv-rechtliche Garantie bestimmter Rechtsinstitute abzielen.

bb) Freiheit, kein Religionsunterricht erteilen zu müssen, Art. 7 III 3 GG

Das Grundrecht aus Art. 7 III 3 GG gewährleistet Lehrern das Recht, unabhängig von ihrer öffentlichen Dienst- bzw. Beamtenstellung nicht gegen ihren Willen Religionsunterricht erteilen zu müssen. Art. 7 III 3 GG konkretisiert die individuelle Glaubensfreiheit von Lehrkräften und das Benachteiligungsverbot des Art. 33 III GG

cc) Bestimmungsrecht über Teilnahme am Religionsunterricht, Art. 7 II GG

Art. 7 II GG räumt den Erziehungsberechtigten das Recht ein, über die Teilnahme ihres Kindes am Religionsunterricht zu bestimmen.

dd) Recht zur Errichtung privater Schulen, Art. 7 IV 1 GG

(1) Begriff

Mit privaten Schulen sind Schulen in privater Trägerschaft gemeint. Dies sind alle Schulen, deren Träger nicht der Staat ist.

(2) Gewährleistungsumfang

Art. 7 IV 1 GG garantiert nicht nur – wie der Wortlaut vermuten lassen könnte – das Recht, Schulen in privater Trägerschaft zu <u>errichten</u>, sondern darüber hinaus auch das Recht, solche Schulen zu <u>betreiben</u>.

Umfasst den sog. äußeren Schulbetrieb und den sog. inneren Schulbetrieb. Zum äußeren Schulbetrieb gehört das Recht, die Schule und den Unterricht zu organisieren. Zum inneren Schulbetrieb gehört das Recht, die Lehrpläne aufzustellen sowie die Lernziele, den Lehrstoff, die Lehrmethoden und die Auswahl der Lehr- und Lernmittel festzulegen; außerdem das Recht auf freie Schüler- und Lehrerwahl.

2. Eingriff

3. Rechtfertigung

Die Grundrechte aus Art. 7 II, II 1, 3, IV 1 GG sind vorbehaltlos gewährleistet. Sie unterliegen daher allein verfassungsimmanenten Schranken in Form kollidierenden Verfassungsrechts. Dem steht auch Art. 7 IV 2 GG nicht entgegen, nach dem die privaten Schulen „den Landesgesetzen" unterstehen. Nach Wortlaut, Systematik und Entstehungsgeschichte stellt er keine Eingriffsermächtigung dar.

XVII. Versammlungsfreiheit, Art. 8 GG

1. Schutzbereich

a) Persönlicher Schutzbereich

-> Deutschen-Grundrecht.

Als Deutsche gelten die deutschen Staatsbürger i.S.v. Art. 116 I GG.

Art. 8 GG gilt gemäß Art. 19 III GG auch für inländische juristische Personen des Privatrechts unabhängig von ihrer Rechtsform.

Vereinigungen wie z. B. Parteien, Bürgerinitiativen oder Gewerkschaften stehen häufig als Veranstalter oder Organisatoren hinter Versammlungen.

Merke: Die Versammlung selbst kann nicht Trägerin der Rechte aus Art. 8 GG sein, da sie nicht die für den Grundrechtsschutz gemäß Art. 19 III GG erforderliche organisatorische Verfestigung besitzt.

b) Sachlicher Schutzbereich

Versammlung ist die örtliche Zusammenkunft mehrerer Personen zur gemeinschaftlichen, auf die Teilhabe an der öffentlichen Meinungsbildung gerichteten Erörterung oder Kundgebung.

Hinweis: Erfasst auch Mahnwachen, Schweigemärsche, Menschenketten und Protestcamps. Die Demonstration ist ein Unterfall der politischen Versammlung.

Der **Versammlungsbegriff** hat drei Voraussetzungen:

1. Örtlichkeit/Körperlichkeit

Erstens muss es sich um eine örtliche körperliche Zusammenkunft handeln. Mithin sind rein virtuelle Zusammenkünfte z. B. in Chatrooms keine Versammlung.

Merke: Nur in Problemfällen anzusprechen. I.d.R. evident.

2. Mehrere Personen

Zudem muss es sich um die Zusammenkunft mehrerer Personen handeln.

Grund: Bei der „Ein-Mann-Demonstration" liegt schon nach dem Wortsinn keine Versammlung vor.

Problem: **Höhe der Mindestteilnehmerzahl?**

3-Personen- oder 7-Personen-Ansicht:
Vorgeschlagen wird in Anlehnung an das BGB-Vereinsrecht eine Mindestzahl von sieben (§ 56 BGB) oder drei Personen (§ 73 BGB).

Kritik: Unklar bleibt aber, welcher Zusammenhang zwischen dem BGB-Vereinsrecht und dem grundrechtlichen Versammlungsbegriff bestehen soll. Zudem Missachtung der Normhirarchie.

2-Personen-Ansicht (h.M.):

Der Wortlaut des Art. 8 Abs. 1 GG erfasst auch eine aus zwei Personen bestehende „Versammlung".

Der Telos von Art. 8 GG, die Gewährleistung einer gemeinschaftlichen Willensbildung bzw. –kundgabe ist auch bei bereits zwei Personen schützenswert.

Beachte: Liegen mehr als 7 Personen vor, ist eine Problematisierung hier nicht erforderlich.

3. Gemeinsamer Zweck

a) Gemeinsamkeit

Durch den gemeinsamen Zweck unterscheidet sich die Versammlung von „bloßen Ansammlungen oder Volksbelustigungen".

Der gemeinsame Zweck bewirkt eine innere Verbindung der Versammlungsteilnehmer, die in der gemeinschaftlichen Verfolgung eines Zieles liegt.

Beachte: Es genügt für Art. 8 GG daher nicht, wenn die Teilnehmer etwa eines Konzertes zwar alle den gleichen, aber dennoch keinen gemeinsamen, verbindenden Zweck verfolgen, sie also für die Zweckverfolgung grds. nicht aufeinander angewiesen sind.

b) Art des Zwecks

h.M.: Erforderlich ist, dass die Zusammenkunft auf die gemeinsame Meinungsbildung oder Meinungsäußerung im Bezug auf öffentliche oder private Angelegenheiten abzielt.

a.A.: Jeder gemeinsame Zweck reicht aus.

Kritik: Art. 8 GG dient nicht der Persönlichkeitsentfaltung in der Gruppe und soll grds. auch nicht die Isolierung des Einzelnen verhindern.

Die **sachliche Reichweite** des Schutzes von Versammlungen umfasst neben der Durchführung der eigentlichen Versammlung auch das Bestimmungsrecht des Veranstalters über Gegenstand der Versammlung, Ort und Zeit sowie Vorbereitung und Organisation.

Art. 8 GG gewährt allerdings kein Recht, sich auf einem fremden Grundstück ohne Zustimmung des Eigentümers oder an Orten, die der Öffentlichkeit nicht allgemein zugänglich sind, zu versammeln. Von Art. 8 GG geschützt sind nur die vorgenannten versammlungsspezifischen Betätigungen, nicht aber sog. unspezifische

Verhaltensweisen wie etwa Meinungsäußerungen bei Gelegenheit einer Versammlung. Für unspezifische Verhaltensweisen gilt der Schutz anderer Grundrechte wie z.B. der Meinungsfreiheit des Art. 5 Abs. 1 S. 1 GG.

Aus Art. 8 GG soll außerdem das Recht folgen, einer Versammlung fern zu bleiben (sog. negative Freiheit).

Begrenzung des sachlichen Schutzbereichs:
Keinen Grundrechtsschutz aus Art. 8 GG genießen Versammlungen, die nicht friedlich und nicht ohne Waffen stattfinden.

Waffenbegriff: Darunter fallen jedenfalls alle Waffen im technischen Sinne (Pistolen, Elektroschocker). Waffen sind nach verbreiteter Auffassung aber auch diejenigen Gegenstände, die objektiv gefährlich sind und zum Zweck der Gewaltanwendung mitgeführt werden (etwa Baseballschläger und Eisenketten).

In diesen Fällen ist die Versammlung aber auch meist bereits unfriedlich.

Beachte: Keine Waffe stellt die sog. „passive Bewaffnung", also die Ausrüstung von Versammlungsteilnehmern mit Helmen und Schutzkleidung dar. Ebenso ist eine Vermummung keine Bewaffnung. In diesen Fällen kann aber der Rückschluss auf die Unfriedlichkeit zulässig sein.

Unfriedlich ist eine Versammlung, wenn die Versammlung als Ganzes zu Gewalttätigkeiten und Aufruhr führt und damit kollektive Unfriedlichkeit gegeben ist.

Gewalttätigkeiten=Erhebliche körperliche Einwirkungen

Aufruhr=Aktiver körperlicher Widerstand gegen Vollstreckungsbeamte

Rechtsverstöße und auch die Verwirklichung von Straftatbeständen genügen nicht, solange diese nicht zur Anwendung von Gewalt gegen Personen oder Sachen führt.

Merke: Bloße Behinderungen Dritter seien sie auch gewollt führen daher auch dann nicht zur Unfriedlichkeit einer Versammlung, wenn sie gezielt erfolgen (Sitzblockaden, Ankettungen o.ä.).

Schließlich genügt die Unfriedlichkeit einzelner Teilnehmer nicht, um die gesamte Versammlung vom Schutz des Art. 8 GG auszuschließen. Andernfalls hätte es jeder Einzelne in der Hand, eine Versammlung zu sprengen und das Grundrecht der anderen Versammlungsteilnehmer leer laufen zu lassen. So verlieren nur die Einzelnen ihr Grundrecht auf Versammlungen.

Gewährleistungsumfang:

Die Versammlungsfreiheit gewährleistet alle Verhaltensweisen, die in einem unmittelbaren sachlichen Zusammenhang mit der Versammlung stehen. Die Versammlungsfreiheit gewährleistet die Durchführung von Versammlungen im „öffentlichen Straßenraum" (z.B. innerörtliche Straßen, Plätze, Fußgängerzonen). Geschützt sind außerdem z.B. die freie Entscheidung über die Teilnahme an einer Versammlung, das Selbstbestimmungsrecht über den Inhalt, den Ort, den Zeitpunkt und die Art der Versammlung, der Zugang zur Versammlung, die Vorbereitung der Versammlung, die Anreise zur Versammlung, Schutz vor Datenerhebung und -verarbeitung. Nicht geschützt ist z.B. das Tragen von Uniformen.

Beachte: Nach der neueren Rechtsprechung des Bundesverfassungsgerichts ist der Inhalt und die Form einer Meinungsäußerung in einer Versammlung oder durch eine Versammlung am Maßstab der Meinungsfreiheit zu messen.

Hinweis: Auch außerhalb des öffentlichen Straßenraums liegende „Orte allgemeinen kommunikativen Verkehrs" genießen den Schutz der Versammlungsfreiheit, wenn sie „der Öffentlichkeit allgemein geöffnet und zugänglich sind". Die Versammlungsfreiheit verschafft jedoch keinen Zutritt zu Orten, die „der Öffentlichkeit nicht allgemein zugänglich sind oder zu denen schon den äußeren Umständen nach nur zu bestimmten Zwecken Zugang gewährt wird". Natürlich werden erst recht Versammlungen in geschlossenen Räumen (sogar vorbehaltlos) geschützt.

2. Eingriff

3. Verfassungsrechtliche Rechtfertigung

Die Versammlungsfreiheit kann durch versammlungsspezifische Schranken und durch die Schranke des Art. 17a I GG beschränkt werden.

Art. 8 II GG enthält einen einfachen Gesetzesvorbehalt für Versammlungen unter freiem Himmel

Eine Versammlung unter freiem Himmel liegt vor, wenn die Versammlung nicht durch seitliche Begrenzungen von der Außenwelt abgetrennt ist.

Merke: Nicht jede „dachlose" Versammlung ist eine solche „unter freiem Himmel". Umgekehrt gibt es auch unter einem Dach stattfindende Versammlungen, die dennoch „unter freiem Himmel" i.S.v. Art. 8 II GG stattfinden. Dieses Ergebnis ergibt sich aus einer an Sinn und Zweck orientierten (teleologischen) Auslegung: Art. 8 II GG soll dem Staat Eingriffe bei Versammlungen ermöglichen, bei denen ein erhöhtes Konfliktpotenzial besteht. Dies sind regelmäßig Veranstaltungen, die unbegrenzt für jedermann zugänglich sind, die also an Orten stattfinden, die an den Seiten keinerlei Begrenzung etwa durch Mauern oder Zäune aufweisen und die daher für Störungen besonders anfällig sind. Danach ist einerseits eine Versammlung in einem Stadion auch bei fehlender Überdachung keine Versammlung unter freiem Himmel. Andererseits stellt eine Versammlung auf einem überdachten Busbahnhof dennoch eine Versammlung unter freiem Himmel dar.

Hinweis: Für öffentliche, d.h. jedermann zugängliche Versammlungen unter freiem Himmel wird der Gesetzesvorbehalt des Art. 8 II GG vor allem durch das Versammlungsgesetz des Bundes ausgefüllt. In seinem Anwendungsbereich darf die öffentliche Gewalt ihre Maßnahmen nicht auf das allgemeine Polizei- und Ordnungsrecht (sog. Polizeifestigkeit des Versammlungsrechts) stützen.

Beachte: Im Gegensatz zu Versammlungen unter freiem Himmel sind Versammlungen in geschlossenen Räumen grundsätzlich vorbehaltlos gewährleistet und können daher nur durch kollidierendes Verfassungsrecht, d.h. insbesondere durch Grundrechte Dritter oder durch sonstige Verfassungsrechtsgüter, eingeschränkt werden.

Hinweis: § 14 VersG normiert eine 48-Stunden-Anzeigefrist für Versammlungen (legitimer Zweck: Informationsbeschaffung zur Organisation der Versammlung). Jedoch ist die Vorschrift bei Eil- und Spontanversammlungen verfassungskonform (teleologisch) auszulegen. Eine unverzügliche Anzeige genügt. Zu beachten ist, dass eine Versammlung nach § 14 VersG nur anzeigepflichtig ist! Eine Versammlung muss also nicht genehmigt werden. Sie braucht auch keine Genehmigungen nach dem Straßenrecht oder Straßenverkehrsrecht.

Hinweis: § 15 VersG normiert, dass Versammlungen unter Auflagen gestellt werden können bzw. gar aufgelöst werden dürfen, wenn eine Gefahr für die öffentliche Sicherheit oder Ordnung besteht.

Eine weiterer – jedoch wenig praxisrelevanter - Gesetzesvorbehalt bildet Art. 17a I GG für Angehörige von Wehrpflichtigen und Ersatzdienstleistenden.

Hinweis: Der Schutzzweck von Art. 8 GG ist die Freiheit von Versammlungen. Geht die Behörde gegen die Versammlung an sich vor, ist Art. 8 GG betroffen. Geht die Behörde jedoch innerhalb der Versammlung gegen die Meinung vor, greift hingegen Art. 5 I GG.

XVIII. Berufsfreiheit

1. Schutzbereich

a) Persönlicher Schutzbereich
Alle Deutschen i.S.d. Art. 116 GG und juristische Personen i.S.d. Art. 19 III GG.

b) Sachlicher Schutzbereich
Merke: Anders als der Wortlaut des Art. 12 I GG vermuten lässt, handelt es sich bei den in Art. 12 I 1 GG genannten Freiheiten der Berufswahl, der Wahl des Ausbildungsplatzes und der Wahl der Ausbildungsstätte sowie der in Satz 2 erwähnten Berufsausübung nicht um vier eigenständige Grundrechte, sondern nach ständiger Rechtsprechung des Bundesverfassungsgerichts um ein einheitliches Grundrecht der Berufsfreiheit mit mehreren Teilgewährleistungen. Dies hat Konsequenzen für die Beschränkbarkeit der einzelnen Teilgewährleistungen: Während nach dem Wortlaut des Art. 12 I GG nur die Freiheit der Berufsausübung (Satz 2) einem Gesetzesvorbehalt unterliegt, erstreckt sich der Gesetzesvorbehalt des Satz 2 wegen des engen sachlichen Zusammenhangs zwischen Berufswahl und Berufsausübung auch auf die Teilgewährleistungen des Satz 1 GG.

Beruf ist jede Tätigkeit, die auf Dauer angelegt ist und der Schaffung und Erhaltung einer Lebensgrundlage dient bzw. hierzu beiträgt.

Beachte: Unerheblich ist, ob die Tätigkeit selbstständig oder unselbstständig erfolgt oder im öffentlichen Dienst oder der Privatwirtschaft ausgeübt wird. Auch Doppel- und Nebenberufe werden von Art. 12 I GG erfasst.

Erfasst werden nicht nur traditionell oder rechtlich fixierte Berufsbilder, sondern auch aktuelle und frei gewählte Berufe, aus denen sich wieder neue Berufsbilder ergeben können.

Nicht als Beruf zu werten sind dagegen Tätigkeiten der Privatsphäre wie z.B. die Ausübung eines Hobbys, da sie nicht der Sicherung der Lebensgrundlage dienen.

a) auf Dauer angelegt

Dieses Merkmal ist weit auszulegen. Ausreichend sind bereits Gelegenheits- und Ferienjobs; Nicht berücksichtigt werden lediglich Beschäftigungen, die sich auf einen einmaligen Erwerbsakt beschränken.

b) Schaffung und Erhaltung einer Lebensgrundlage

Ob auch ehrenamtliche Tätigkeiten werden auch umfasst werden ist streitig.

MM: (+) da man Aufwandsentschädigung erhält, daraus ein Beruf erwachsen kann und die Uneigennützigkeit nicht zur Grundrechtsversagung führen darf.

h.M. (-), da kein Abhängigkeitsverhältnis bestünde (Unentgeltlichkeit im engeren Sinne)

Problem: **Drittes Merkmal, dass die Tätigkeit nicht generell verboten ist, erforderlich?**
H.M.: Generell <u>verbotene und sozial- oder gemeinschädliche Berufe</u> seien <u>schlechthin nicht vom Schutzbereich erfasst.</u>
A.A.: Vereinzelt wird diese Einschränkung mit dem Hinweis angegriffen, dass es der Gesetzgeber dadurch in der Hand habe, bereits den <u>Schutzbereich durch allgemeine (einfache) Gesetze zu beschränken (Missachtung der Normhirarchie)</u> mit der Folge, dass der Gesetzgeber den Schutzbereich selbst definieren könnte. Zudem ist zu beachten, dass die <u>Erlaubtheit</u> auch <u>noch auf der Rechtfertigungsebene</u> <u>berücksichtigt werden kann.</u> Nur gemeinschädliche Tätigkeiten seien nicht umfasst.

Gewährleistungsumfang:

(1) Berufswahlfreiheit

Die Berufsfreiheit im engeren Sinne gewährleistet die freie Wahl eines Berufs (Art. 12 I 1 Var. 1 GG), d.h. die Entscheidung, ob ein Beruf und ggf. welcher Beruf ergriffen wird („Ob"). Ebenso geschützt ist negativ die Freiheit, einen Beruf nicht zu wählen.

Ich möchte Maurer werden!

(2) Berufsausübungsfreiheit

Neben der Berufswahlfreiheit gewährleistet die Berufsfreiheit im engeren Sinne die Freiheit, einen gewählten Beruf auszuüben, schützt also das „Wie" der Tätigkeit. Dazu gehört z.B. das Recht, den Ort, den Umfang, die Dauer, den Inhalt, die äußere Erscheinungsform und die Form der Tätigkeit zu bestimmen; ferner das Recht, berufliche Qualifikationen, die erworben wurden, wahrheitsgemäß und angemessen kund zu tun, und zu werben.

Ich möchte aber keine Sicherheitsschuhe tragen.

(3) Arbeitsplatzwahlfreiheit

Art. 12 GG schützt zudem die Wahl des Arbeitsplatzes: Unter <u>Arbeitsplatz ist der räumliche Ort, also der berufliche Umkreis der Betätigung zu verstehen.</u> Da die Arbeitsplatzfreiheit nicht nur für Arbeitnehmer, sondern auch für Selbstständige gewährleistet ist, werden auch die berufliche Freizügigkeit und damit die Niederlassungsfreiheit geschützt. Bei abhängig Beschäftigten umfasst das Recht auf Wahl des Arbeitsplatzes auch die Wahl des Vertragspartners.

Die Arbeitsplatzwahlfreiheit verleiht das Recht, einen <u>konkreten Arbeitsplatz nach eigener Wahl anzunehmen</u>, ihn <u>beizubehalten</u> oder ihn <u>aufzugeben</u>.

Gut dass ich Maurer werden darf, ich will aber in Wuppertal bei der Maurer GmbH arbeiten.

(4) Ausbildungsstättenwahlfreiheit

Ausbildungsstätte ist eine berufsbezogene Einrichtung, die mehr als nur eine allgemeine Schulbildung vermittelt, also der Ausbildung für einen Beruf dient.

Das Recht auf Zugang zu einer Ausbildungsstätte besteht jedoch nur im Rahmen des Möglichen. Staatliche Ausbildungsstätten sind verpflichtet, ihre Kapazitäten erschöpfend zu nutzen (sog. Kapazitätserschöpfungsgebot).

2. Eingriff

Eingriffe sind alle Maßnahmen der öffentlichen Gewalt in Betracht, die die durch Art. 12 I GG geschützten Teilgewährleistungen imperativ beeinträchtigen.

Merke: Der Eingriff muss eine berufsregelnde Tendenz aufweisen.

Solche Maßnahmen verfolgen selbst den Zweck, den Beruf zu regeln (subjektiv berufsregelnde Tendenz).

Regelungen mit subjektiv berufsregelnder Tendenz sind z.B. Erlaubnispflichten, Altersgrenzen für Notare, Ladenschlussgesetz, Rauchverbot in Gaststätten.

Eingriffe in die Berufsfreiheit stellen außerdem alle Maßnahmen der öffentlichen Gewalt dar, die die durch Art. 12 I GG garantierten Teilgewährleistungen mittelbar oder faktisch beeinträchtigen. Solche Maßnahmen sind selbst nicht darauf gerichtet, den Beruf zu regeln; sie haben jedoch trotz berufsneutraler Zwecksetzung unmittelbare oder gewichtige mittelbare Auswirkungen auf den Beruf (objektiv berufsregelnde Tendenz).

Regelungen mit objektiv berufsregelnder Tendenz sind z.B. die Erhebung von Studiengebühren oder die Pflicht zur Erhebung von Dosenpfand.

Merke: Im Rahmen des Eingriffs ist noch nicht darauf einzugehen, ob es sich um eine Einschränkung der Berufsausübung oder Berufswahl handelt.

3. Verfassungsrechtliche Rechtfertigung

Aufgrund des einheitlichen Charakter umfasst der einfache Gesetzesvorbehalt des Art. 12 I 2 GG die gesamte Berufsfreiheit (Wahl, Ausübung, Wahl des Arbeitsplatzes und der Ausbildungsstätte).

Merke: Um dem Wortlaut des Art. 12 I GG und dem sich daraus ergebenden Willen des Verfassungsgebers, die Berufswahlfreiheit einerseits und die Berufsaus- übungsfreiheit andererseits unterschiedlich einschränken zu können, Rechnung zu tragen, hat das Bundesverfassungsgericht die Anforderungen an die Rechtfertigung eines Eingriffs je nachdem, ob die Berufswahlfreiheit oder die Berufsausübungsfreiheit betroffen ist, unterschiedlich geregelt (3-Stufen-Theorie).

Drei-Stufen-Theorie:

Merke: Die Drei-Stufen-Theorie ist in der Verhältnismäßigkeitsprüfung zu beachten.

Berufsausübungsregelungen sind Regelungen, die bestimmen, wie ein Beruf ausgeübt werden muss.

Subjektive Berufswahlregelungen sind Regelungen, die die Aufnahme eines Berufs von der Erfüllung subjektiver Voraussetzungen durch den Berufsbewerber abhängig machen.

Objektive Berufswahlregelungen sind Regelungen, die die Aufnahme eines Berufs an die Erfüllung von Voraussetzungen knüpfen, die keinen Bezug zur Person des Berufsbewerbers haben.

Die Drei-Stufen-Theorie beinhaltet zwei Kernaussagen:

1. Eingriffe in die Berufsfreiheit sind je nachdem, in welche Stufe eingegriffen wurde, nur bei Vorliegen bestimmter legitimer Zwecke gerechtfertigt:

a) Berufsausübungsregelungen sind gerechtfertigt, wenn vernünftige Erwägungen des Allgemeinwohls diese Regelungen zweckmäßig erscheinen lassen, wobei der Gesetzgeber einen relativ weiten Gestaltungsspielraum hat.

b) Subjektive Berufswahlregelungen sind gerechtfertigt, wenn sie dem Schutz wichtiger Gemeinschaftsgüter dienen.

c) Objektive Berufswahlregelungen sind gerechtfertigt, wenn sie dem Schutz überragend wichtiger Gemeinschaftsgüter gegen nachweisbare oder höchstwahrscheinlich schwere Gefahren dienen.

2. Zwischen den verschiedenen Stufen besteht ein **Subsidiaritätsverhältnis**. Das bedeutet: Die jeweils höhere Stufe ist erst dann erforderlich, wenn und soweit der verfassungsrechtlich legitime Zweck einer staatlichen Maßnahme nicht (mehr) auf der vorhergehenden Stufe erreicht werden kann.

Merke: In der Erforderlichkeit ist zu fragen, ob der legitime Zweck auch bspw. mit einer Berufsausübungsregelung statt mit einer subj. Berufswahlregelung erreicht worden wäre. Ist der Eingriff auf der niedrigst möglichen Stufe erfolgt?

Beachte: Geht es um die Arbeitsplatzwahlfreiheit oder Ausbildungsplatzwahlfreiheit, ist eine normale Verhältnismäßigkeitsprüfung durchzuführen. Es ist also in diesen Fällen nicht auf die 3-Stufen-Theorie zurückzugreifen.

XIX. Unverletzlichkeit der Wohnung, Art. 13 GG

I. Schutzbereich

a) Sachlicher Schutzbereich

Wohnung sind alle Räume, die der allgemeinen Zugänglichkeit durch eine räumliche Abschottung entzogen sind und zur Stätte privaten Lebens und Wirkens gemacht wurden.

Merke: Ausreichend ist bereits ein vorübergehender Aufenthalt. Auch umfasst sind nach h.M. Geschäftsräume (jedenfalls, wenn die Öffentlichkeit keinen unkontrollierten Zutritt hat). Arg.: Auch Beruf und Arbeit können der Persönlichkeitsbildung und Verwirklichung dienen. Zudem kann die geringere Schutzbedürftigkeit des Arbeitsplatzes auf der Rechtfertigungsebene Berücksichtigung finden.

Hinweis: Art. 13 I GG schützt die Privatheit der Wohnung als „elementaren Lebensraum", welcher der Persönlichkeitsentfaltung eines jeden Einzelnen dient.

Beispiele: Wohnungen im engeren Sinne; zur Wohnung gehörende Nebenräume wie Hof, Keller und Böden etc.; Hotelzimmer; Krankenhauszimmer; Häftlingszellen; Vereins- und Clubheime; Wohnmobile; Hausboote; nach überwiegender Auffassung auch Arbeits-, Betriebs- und Geschäftsräume; nicht jedoch Pkw, Telefonzellen, Strandkörbe, Haftzellen (wg. Hausrecht der Anstalt)

Exkurs: Online-Durchsuchung
Bei diesen hat das BVerfG mittlerweile festgestellt, dass Art. 13 GG nur dann betroffen ist, wenn staatliche Stellen in eine Wohnung eindringen, um an informationstechnischen Systemen Manipulationen vorzunehmen. Wird in einen Computer beispielsweise über das Internet oder per E-Mail ein Überwachungsprogramm eingeschleust, um den Inhalt der Festplatte ausspähen zu können, liegt allein ein Eingriff in das Grundrecht auf Gewährleistung der Vertraulichkeit und Integrität informationstechnischer Systeme (Computergrundrecht) vor, das Teil des allgemeinen Persönlichkeitsrechts ist. Entsprechendes gilt für den staatlichen Zugriff auf E-Mails, die auf dem Server eines Providers liegen.

---

b) Persönlicher Schutzbereich

Jedermann-Grundrecht (unmittelbarer Besitzer der geschützten Räume.)

Problem: Fällt nur der berechtigte Besitzer in den Schutzbereich?

h.M.: Es kommt alleine auf den tatsächlichen Besitz an.

Für die h.M. spricht, dass das verfassungsrechtlich verbürgte Grundrecht aus Art. 13 Abs. 1 GG nicht durch einfach-gesetzlich normierte Besitzverhältnisse bestimmt werden kann, vielmehr muss der Schutzbereich des Art. 13 I GG im Lichte seines Schutzzwecks aus sich selbst heraus definiert werden.

Zudem kann der unrechtmäßige Besitz immer noch auf der Rechtfertigungsebene (Verhältnismäßigkeit) Berücksichtigung finden.

a.A.: Der rechtliche Besitz i.S.d. §§ 854 ff. BGB ist entscheidend.

II. Eingriff

Hier liegt ein Eingriff nur vor, wenn der Grundrechtsträger nicht auf seinen Grundrechtsschutz aus Art. 13 I GG verzichtet hat.

Beachte: Art. 13 GG schützt vor dem Eindringen der Staatsgewalt in die Wohnung ebenso wie vor dem Verweilen. Auf Letzteres ist deshalb hinzuweisen, weil auch ein zunächst rechtmäßiges Betreten der Wohnung nach dem Willen des Hausrechts-inhabers widerrechtlich werden kann.

III. Rechtfertigung

1. Beschränkbarkeit?

a) Bei Durchsuchung

Durchsuchung ist das ziel- und zweckgerichtete Suchen seitens staatlicher Organe nach Personen oder nach Sachen oder zur Ermittlung eines Sachverhaltes, um etwas aufzuspüren, was der Inhaber der Wohnung von sich aus nicht offen legen oder hergeben will.

Aber nur mit Richtervorbehalt (Schrankenvoraussetzung/Qualifizierter Gesetzesvorbehalt)

Merke: Das einschränkende Gesetz selbst muss einen Richtervorbehalt vorsehen. Dies ist in der materiellen Verfassungsmäßigkeit des Gesetzes zu prüfen. Genau wie das Bestimmtheitsgebot, das Zitiergebot, die Wesensgehaltsgarantie, das Verbot des Einzelfallgesetzes und die Verhältnismäßigkeit.

Für die Durchsuchung gilt grundsätzlich ein Richtervorbehalt. Ein Richter soll die Verantwortung für die Verhältnismäßigkeit der Durchsuchungsanordnung übernehmen.

Der Richter muss neben dem äußeren Rahmen auch die Grenzen und das Ziel der Durchsuchung definieren. Dazu gehört insbesondere auch, dass der Eingriff in einem angemessenen Verhältnis zur Schwere der Straftat und zur Stärke des Tatverdachts stehen muss. Nur wenn der Richter nach erfolgter Prüfung davon überzeugt ist, dass die Maßnahme verhältnismäßig ist, darf er die Durchsuchung anordnen

Merke: Eine Durchsuchung darf nicht zur Ermittlung von Tatsachen erfolgen, die einen Verdacht erst begründen; denn eine Durchsuchung setzt voraus, dass ein Verdacht bereits vorliegt. Für diesen Verdacht reichen vage Anhaltspunkte und bloße Vermutungen nicht aus; es müssen vielmehr sachlich zureichende, plausible Verdachtsgründe vorliegen.

Hinweis: Nach Auffassung des BVerfG verliert ein Durchsuchungsbeschluss spätestens nach sechs Monaten seine rechtfertigende Kraft.

: Der Richtervorbehalt gilt nicht bei <u>Gefahr im Verzug</u>. Gefahr im Verzug liegt vor, <u>wenn die Verzögerung</u>, die dadurch entsteht, dass ein Richter angerufen werden muss, <u>den Erfolg der Durchsuchung gefährden würde</u>[1]. In diesem Falle darf ein anderes Organ der öffentlichen Gewalt, in der Praxis in der Regel die Staatsanwaltschaft oder die Polizei, die Durchsuchung anordnen. Auch diese Organe müssen die Verhältnismäßigkeit der Durchsuchungsanordnung prüfen.

b) Bei technischer Überwachungen aus repressiven Gründen, Art. 13 III GG

Die Überwachung muss nach dem rechtsstaatlichen Vorbehalt des Gesetzes auf einer gesetzlichen Grundlage beruhen (z.B. § 100c I StPO). Sie unterliegt zwingend einem Richtervorbehalt (vgl. Art. 13 III 3 und 4 GG). Regelmäßig entscheidet gemäß Art. 13 III 3 GG ein Spruchkörper mit drei Richtern. Etwas anderes gilt gemäß Art. 13 III 4 GG bei Gefahr im Verzug; in diesem Falle genügt ausnahmsweise ein einzelner Richter.

Die Maßnahme ist gemäß Art. 13 Abs. 3 S. 2 GG zu <u>befristen</u>.

Außerdem muss sie verhältnismäßig, insbesondere erforderlich, sein (vgl. Art. 13 Abs. 3 S. 1 GG).

<u>Ungeschriebene Grenze</u> eines Eingriffs im Sinne von Erhebungs-, Aufzeichnungs- und Verwertungsverboten sieht das BVerfG in der <u>Menschenwürde</u>. Beim Abhören muss vermieden werden, dass in den höchstpersönlichen Lebensbereich eingegriffen wird. Je nach Grad der privaten Abgeschirmtheit der Wohnung gilt aber eine abgestufte Schutzintensität. Daher ist ein Abhören von Räumen, in denen ein Beruf ausgeübt wird, eher möglich als ein Abhören von Räumen, die rein privat genutzt werden.

c) Bei technischer Überwachungen aus präventiven Gründen, Art. 13 IV GG

Zur Abwehr <u>dringender Gefahren</u> für die öffentliche Sicherheit, insbesondere einer gemeinen Gefahr oder einer Lebensgefahr (Regelbeispiele).

Dringende Gefahren sind solche <u>Gefahren, bei denen mit hoher Wahrscheinlichkeit oder in hohem Ausmaß Schäden für wichtige Rechtsgüter drohen</u>.

Die Öffentliche Sicherheit <u>betrifft die Unverletzlichkeit der objektiven Rechtsordnung, der subjektiven Rechte und Rechtsgüter des Einzelnen</u> sowie der <u>Einrichtungen und Veranstaltungen des Staates</u> und <u>der sonstigen Träger der Hoheitsgewalt</u>.

Merke: Im Gegensatz zu Art. 13 III GG sind die staatlichen Maßnahmen nicht auf eine akustische Überwachung beschränkt. Daher können hier auch optische oder sonstige technische Mittel zur Überwachung eingesetzt werden.

Die Anordnung der technischen Überwachung bedarf nach dem rechtsstaatlichen Vorbehalt des Gesetzes einer gesetzlichen Grundlage und steht gemäß Art. 13 IV S. 1 GG unter Richtervorbehalt. Bei Gefahr im Verzug darf gemäß Art. 13 IV 2 Hs. 1 GG jedoch eine andere gesetzlich bestimmte Stelle die Überwachung anordnen. In

---

[1] Gefahr im Verzug ist eng auszulegen. Die Eilkompetenz sonstiger Organe soll nicht zum Regelfall werden.

diesem Falle ist allerdings unverzüglich eine richterliche Entscheidung einzuholen (vgl. Art. 13 IV 2 Hs. 2 GG).

d) Bei Überwachungen mit Hilfe technischer Mittel zur Eigensicherung (Art. 13 V GG)

Auf gesetzlicher Grundlage kann schließlich auch eine Wohnung i.S.d. Art. 13 I GG überwacht werden, um eine Person bei einem Einsatz in einer Wohnung zu schützen, d.h. zur Eigensicherung dieser Person.

Wie bei Art. 13 IV GG können bei einer solchen Überwachung sowohl akustische als auch optische oder sonstige technische Mittel zum Schutz dieser Person eingesetzt werden.

Eine solche Überwachung kann gemäß Art. 13 Abs. 5 S. 1 GG durch eine gesetzlich bestimmte Stelle angeordnet werden. Ausnahmsweise besteht gemäß Art. 13 V 2 GG ein Richtervorbehalt, wenn Erkenntnisse aus Überwachungsmaßnahmen gemäß Art. 13 V 1 GG zum Zwecke der Strafverfolgung oder der Gefahrenabwehr verwertet werden sollen.

e) Bei sonstigen Eingriffen, Art. 13 VII GG

Bei allen Eingriffen, die nicht unter die speziellen Regelungen des Art. 13 Abs. 2 bis 5 GG subsumiert werden können, greift die Auffangbestimmung des Art. 13 VII GG.

Merke: Hierzu zählen alle Beeinträchtigungen der Privatheit der Wohnung wie etwa das Betreten, Besichtigen und Verweilen zu anderen Zwecken als zur Durchsuchung. Nicht erforderlich ist das körperliche Hineingelangen. Denn auch durch die Observation von außerhalb der Wohnung kann die Privatheit beeinträchtigt werden, jedoch nur mittels technischen Geräts.

aa) Art. 13 VII Hs. 1 GG

Art. 13 VII Hs. 1 GG enthält eine verfassungsunmittelbare Grundrechtsschranke. Zur Abwehr einer gemeinen Gefahr oder einer Lebensgefahr für einzelne Personen kann die öffentliche Gewalt in Art. 13 I GG eingreifen, ohne dass es einer einfachgesetzlichen Ermächtigungsgrundlage bedarf.

Gefahr bedeutet die hinreichende Wahrscheinlichkeit eines Schadenseintritts. Eine gemeine Gefahr liegt vor, wenn ein unbestimmter Kreis von Personen oder Sachen bedroht ist.

bb) Art. 13 VII Hs. 2 GG

Demgegenüber enthält Art. 13 VII Hs. 2 GG einen qualifizierten Gesetzesvorbehalt. Eingriffe in das Grundrecht aus Art. 13 I GG dürfen hier nur aufgrund eines Gesetzes und zur Verhütung dringender Gefahren für die öffentliche Sicherheit und Ordnung erfolgen. Dringende Gefahr bedeutet die hinreichende Wahrscheinlichkeit eines Schadenseintritts für Rechtsgüter von erheblicher Bedeutung. Das Attribut „dringend" ist nach herrschender Ansicht nicht in einem zeitlichen Sinne zu verstehen, sondern im Sinne einer qualitativen Steigerung hinsichtlich der schadensbedrohten Rechtsgüter.

Beachte: Alle Eingriffe in das Grundrecht aus Art. 13 Abs. 1 GG, die auf der Grundlage des Art. 13 VII GG beruhen, müssen verhältnismäßig sein.

f) Ungeschriebene Rechtfertigung von Betretungs- und Besichtigungsrechten in Geschäftsräumen

Das BVerfG vertritt die Auffassung, diese Räumlichkeiten hätten während der normalen Öffnungszeiten jedoch nicht dieselbe Schutzbedürftigkeit wie rein privat genutzte Räume. Dementsprechend misst das BVerfG in diesen Fällen die Eingriffe in das Grundrecht aus Art. 13 I GG nicht an Art. 13 VII GG; nach seiner Ansicht gelten vielmehr folgende erleichterte Rechtfertigungsvoraussetzungen:

1. Es muss eine **gesetzliche Ermächtigung** zum Betreten und zur Besichtigung von Betriebs- und Geschäftsräumen durch die Behörde existieren. Nach Ansicht des Bundesverwaltungsgerichts reicht generell auch eine Rechtsverordnung aus.

2. Die gesetzliche Ermächtigung muss den **Zweck des Betretens** sowie den **Gegenstand und Umfang der Prüfung deutlich erkennen** lassen.

3. Die Behörde darf die Betriebs- und Geschäftsräume nur zu den **üblichen Öffnungszeiten**, d.h. zu den Zeiten, zu denen die Räume für den allgemeinen Publikumsverkehr geöffnet sind, betreten.

Für die abstrakte Verhältnismäßigkeitsprüfung:

Art. 13 GG steht in engem Zusammenhang zum allg. Persönlichkeitsrecht und der Menschenwürde.

XX. Eigentum, Art. 14 GG

I. Schutzbereich

a) Sachlicher Schutzbereich

Normgeprägtes Grundrecht[2] (Auslegungshilfe § 903 BGB)

Eigentum sind alle konkreten vermögenswerten Rechte, die dem Einzelnen als Ausschließlichkeitsrechte zur privaten Nutzung und zur eigenen Verfügung zugeordnet sind und die das einfache Recht zu einem bestimmten Zeitpunkt als Eigentum definiert.

Beachte: Zur Bestimmung, ob der Schutzbereich erfasst ist, ist es hilfreich, sich stets den Sinn und Zweck des Art. 14 GG vor Augen zu führen: dem Einzelnen einen Freiheitsraum im vermögensrechtlichen Bereich zu sichern und ihm damit eine eigenverantwortliche Gestaltung des Lebens zu ermöglichen.

Merke: Anders als im Zivilrecht, wo Eigentum nur an körperlichen Gegenständen erworben werden kann, fallen unter den verfassungsrechtlichen Eigentumsbegriff alle vermögenswerten Rechte. Diese können sowohl privat- als auch öffentlichrechtlich begründet sein, letzterenfalls allerdings nur dann, soweit sie ein Äquivalent eigener Leistung sind und der Existenzsicherung dienen (bspw. Rentenansprüche). Nicht hingegen Steuern, da diese dem Vermögen nie zufließen.

Das Grundrecht aus Art. 14 I 1 GG garantiert den Bestand des vorhandenen Eigentums vor Entzug. Geschützt ist zudem die Möglichkeit, das Eigentum zu nutzen (Nutzungsrecht) und darüber zu verfügen. Der Eigentümer hat die Freiheit, sein Eigentum zu behalten, zu verwenden, zu verbrauchen und zu veräußern.

Neben dieser positiven Eigentumsfreiheit existiert auch die negative Eigentumsfreiheit. Sie verleiht dem Einzelnen das Recht, das Eigentum nicht zu behalten, nicht zu verwenden, nicht zu verbrauchen oder nicht darüber zu verfügen.

Problem: Ist der eingerichtete und ausgeübte Gewerbebetrieb vom Schutzbereich umfasst? (-), nur einzelne Positionen, nicht der Betrieb als Ganzes.

Problem: Wird das Vermögen geschützt? (-), nur einzelne Vermögenspositionen

b) Persönlicher Schutzbereich

Jerdermann-Grundrecht

Beruft sich eine Gemeinde auf Art. 28 II GG (Selbstverwaltungsrecht), besteht trotzdem das Konfusionsargument (Hoheitsträger ist grundrechtsverpflichtet und nicht berechtigt)

---

[2] Bei Grundrechten, deren Schutzbereich nicht von Natur aus an gegebene Sachverhalte, sondern an rechtliche Begriffe anknüpft, handelt es sich um normgeprägte, genauer durch das einfache Recht in ihrem konkreten Umfang erst begründete Grundrechte.

II. Eingriff

F.U.R.Z.

III. Rechtfertigung

1. Welche Art von Eingriff liegt vor?

Der Eingriff könnte allerdings gerechtfertigt sein. Bei der Rechtfertigung von Eingriffen in Art. 14 I 1 GG muss aufgrund der jeweils unterschiedlichen Anforderungen und Folgen zwischen Inhalts- und Schrankenbestimmungen (Art. 14 I 2 GG) einerseits und Enteignungen (Art. 14 III GG) andererseits differenziert werden.

a) Liegt eine Enteignung vor?

(1) Entziehung der Eigentumsposition?

(2) Zur Erfüllung einer öffentlichen Aufgabe? (Nicht, wenn GV Pfandsiegel aufklebt)

Enteignung umfasst nur solche Maßnahmen, die auf die <u>vollständige oder teilweise Entziehung konkreter subjektiver, durch Art. 14 I 1 GG gewährleisteter Rechtspositionen</u> gerichtet sind, um <u>öffentliche Aufgaben zu erfüllen.</u>

Abgrenzung der Enteignung zu Inhalts- und Schrankenbestimmungen

Von Inhalts- und Schrankenbestimmungen unterscheidet sich eine Enteignung durch **vier Merkmale**:

1. Die Enteignung ist **konkret** (nicht abstrakt).
2. Die Enteignung trifft **individuell** (nicht abstrakt).
3. Die Enteignung **entzieht** verselbständigungsfähige Rechtspositionen i.S.d. Art. 14 Abs. 1 S. 1 GG zumindest teilweise (nicht bloße Verkürzung).
4. Die Enteignung dient der **Erfüllung öffentlicher Aufgaben**, was ausnahmsweise auch bei einer Enteignung zugunsten Privater der Fall sein kann.

Merke: Es gibt sowohl Legislativenteignungen (durch ein Gesetz) als auch Administrativenteignungen (aufgrund eines Gesetzes, also durch Verwaltungsmaßnahmen).

2. Wenn (-), liegt eine Inhalts- und Schrankenbestimmung vor? (Auffangbecken)

Inhalts- und Schrankenbestimmungen sind die <u>generelle und abstrakte Festlegung von Rechten und Pflichten</u> (durch den Gesetzgeber) <u>hinsichtlich solcher Rechtsgüter, die als Eigentum zu verstehen sind.</u>

Merke: Inhalts- und Schrankenbestimmung werden grundsätzlich als einheitlicher Begriff verwendet, müssen also sachlich nicht unterschieden werden. Das Bundesverfassungsgericht nimmt an, dass „Inhalts- und Schrankenbestimmungen jede Beeinträchtigung von Art. 14 GG (ist), die nicht Enteignung ist".

2. Beschränkbarkeit

Bei Inhalts- und Schrankenbestimmungen (ISB)

Einfacher Gesetzesvorbehalt

An dieses Gesetz sind hinsichtlich der Verhältnismäßigkeit besondere Anforderungen zu stellen: Es muss ein ausgewogener Ausgleich zwischen der Privatnützigkeit (Art. 14 I 1 GG) und der Sozialpflichtigkeit (Art. 14 II GG) geschaffen werden. Bei dieser Abwägung sind folgende Kriterien im Rahmen der Angemessenheit zu beachten:

• Bedeutung der Eigentumsposition für den Eigentümer (z.b. Schutz des Eigentums der sozial Schwachen).

• Eigenart der schutzfähigen Eigentumsposition

• Soziale Funktion des Eig. (z.b. Produktionsmittel, vermietetes Wohnungseigentum)

• Intensität, Schwere und Tragweite

Hinweis: Stellt die ISB im Einzelfall eine unzumutbare und besonders intensive Beeinträchtigung dar (enteignende Wirkung), so können Entschädigungsklauseln nötig sein (sog. salvatorische Entschädigungsklauseln). Grds. muss eine ISB jedoch auch ohne solche Klauseln rechtmäßig sein; diese dürfen nur die Unverhältnismäßigkeit in besonders atypischen Einzelfällen abfedern.

Anforderungen an solche salvatorischen Klauseln:
- Sie bedürfen wegen des Budgetrechts des Parlamentes eines formellen Gesetzes.
- Es ist der Vorrang der Bestandsgarantie zu beachten, so dass zunächst Übergangs-, Ausnahme- und Befreiungsklauseln einer finanziellen Entschädigung Vorzuziehen sind.
- Die Verwaltung muss bei der Aktualisierung der Eigentumsbeschränkung zugleich über den ggf. erforderlichen Ausgleich entscheiden.

Bei Enteignung:

Bei der Rechtfertigung dieses besonders schweren Eingriffs in das Eigentum sind die strengen Voraussetzungen des Art. 14 III GG zu beachten.

• Allgemeinwohlbindung: Zweck der Enteignung muss dem Allgemeinwohl dienen (rein fiskalische Interessen genügen nicht).

• Junktimklausel: Das förmliche Gesetz, das die Enteignung vornimmt oder die Grundlage dazu bildet, muss Art und Ausmaß der Entschädigung regeln. Diese Regelung hat zum einen eine Warnfunktion für den Gesetzgeber, zum anderen dient sie der Gewaltenteilung und der Sicherung der Budgethoheit des Parlamentes.

• Enteignung stellt ultima ratio dar.

• Wichtig: Der Eigentümer kann Entschädigung nach Art. 14 III GG vor den ordentlichen Gerichten nur verlangen, wenn die in vollem Umfang den verfassungsrechtlichen Anforderungen entspricht. Ist dies nicht der Fall, so liegt eine verfassungswidrige Enteignung vor, deren im GG vorgesehene Folge die Aufhebung des Eingriffsaktes ist, die vor den Verwaltungsgerichten durchzusetzen ist. Der Eigentümer kann dann nicht eine vom Gesetz nicht zugebilligte Entschädigung beanspruchen.

I. Eingreifen eine speziellen Gleichheitsrechts

Liegt eine Ungleichbehandlung nach einem speziellen Gleichheitsrecht vor und ist nicht gerechtfertigt, ist der Bereich des Art. 3 I GG gesperrt (lex spezialis).

1. Art. 3 III 1 GG

Die dort bezeichneten Kriterien dürfen nicht als Anknüpfungspunkt für unterschiedliche Behandlung dienen.

Kriterien:

Geschlecht

Erfasst die biologische Natur des Menschen.

Merke: Nicht erfasst von diesem Merkmal ist die sexuelle Orientierung.

Abstammung

Bezieht sich auf die natürlich biologische Beziehung eines Menschen zu seinen Vorfahren.

Rasse

Betrifft die Zugehörigkeit zu einer Gruppe mit realen oder vermeintlichen vererbbaren Merkmalen.

Sprache

Bezieht sich auf die Muttersprache

Heimat

Betrifft die örtliche Herkunft nach Geburt oder nach Ansässigkeit i.S.d. emotionalen Beziehung zu einem geografisch begrenzten, den einzelnen mitprägenden Raum.

Herkunft

Bezieht sich auf den sozialen schichtenspezifischen Aspekt der Abstammung.

Glauben und religiöse Anschauungen

Entspricht der Definiton des Art. 4 I GG

Politische Anschauungen

Überzeugungen zu Vorgängen im staatlichen Bereich oder im gesellschaftlichen Bereich.

2. Art. 3 III 2 GG

Verbietet die <u>Benachteiligung wegen einer Behinderung</u>.

Behinderung ist die Auswirkung einer nicht nur vorübergehenden Funktionsbeeinträchtigung, die auf einem regelwidrigen körperlichen, geistigen oder seelischen Zustand beruht

3. Art. 3 II 1 GG

Verbietet es Männer und Frauen ungleich zu behandeln.

Hinweis: Der Gewährleistungsgehalt deckt sich mit Art. 3 III 1 GG, wobei Art. 3 II 1 eher auf ein Ungleichbehandlungsverbot zu Lasten der Frau abzielt, er schützt aber in gleicher Weise auch Männer vor einer Ungleichbehandlung.

4. Spezielle Gleichheitsrechte in Art. 6 GG

a) Abs. 1

Ungleichbehandlungsverbot im Bezug auf Ehe und Familie.

b) Abs. 5

Ungleichbehandlungsverbot ehelicher und unehelicher Kinder (Gleichstellungsauftrag).

5. Art. 33 GG

Bestimmt besondere Kriterien, die dem Zugang zu öffentlichen Ämtern nicht berücksichtigt werden dürfen.

6. Art. 38 GG

Befasst sich mit der Wahlgleichheit.

II. Allgemeiner Gleichheitssatz, Art. 3 I GG
Beachte: Hier kommt jetzt keine Schutzbereichsprüfung o.ä.. Es wird lediglich geschaut, ob eine Ungleichbehandlung vorliegt. Auch ein Eingriff wird nicht geprüft.

1. Vorliegen einer Ungleichbehandlung

Dafür müsste hier eine Ungleichbehandlung im Sinne des Art. 3 Abs. 1 GG vorliegen. Das ist der Fall, <u>wenn wesentlich Gleiches ungleich behandelt wird</u>, also <u>eine Person, Personengruppe oder Situation in bestimmter Weise durch Eingriff oder Leistung rechtlich geregelt wird</u> und <u>eine andere Person, Personengruppe oder Situation in bestimmter anderer Weise behandelt wird</u>.

Eine Ungleichbehandlung liegt jedoch nur vor, wenn sich die Personen, Personengruppen oder Situationen <u>unter einen gemeinsamen Oberbegriff fassen lassen</u>, also <u>ein Vergleichspaar bilden</u>. Zunächst ist daher ein

Ob eine rechtfertigungsbedürftige Ungleichbehandlung i.S.d. Art. 3 I GG vorliegt, ist daher in drei Schritten zu prüfen:

> A) Untersuchen, ob eine Situation, Person oder Personengruppe in einer bestimmten Weise durch Eingriff oder Leistung rechtlich geregelt wird.
>
> B) Untersuchen, ob eine andere Situation, eine andere Situation, Person oder Personengruppe in einer bestimmten anderen Weise rechtlich geregelt wird.
>
> C) Prüfen, ob beide Situationen, Personen oer Personengruppen unter einen gemeinsamen Oberbegriff gefasst werden können (Vergleichspaar).

Beachte: Eine grundrechtlich relevante Ungleichbehandlung liegt schließlich nur vor, wenn sie durch denselben Träger öffentlicher Gewalt erfolgt. Bspw. muss in beiden Fällen das Land NRW agiert haben, bzw. die Kommune oder der Bund.

2. Verfassungsrechtliche Rechtfertigung der Ungleichbehandlung

a) Beschränkbarkeit?

Merke: Art. 3 I GG selbst enthält zwar keinen Hinweis dahingehend, dass eine Rechtfertigung überhaupt in Frage kommt und weist insbesondere keinen Gesetzesvorbehalt auf. Dennoch lässt sich der Systematik des Art. 3 GG ein Anhaltspunkt dafür entnehmen, dass Ungleichbehandlungen nicht stets verfassungswidrig sein müssen: Art. 3 III GG verbietet explizit die Bevorzugung und Benachteiligung aus im Einzelnen genannten Gründen. Diese Vorschrift wäre überflüssig, wenn schon nach Art. 3 I GG jede Ungleichbehandlung stets und ausnahmslos unzulässig wäre.

b) Schranke vorhanden?

c) Formelle Verfassungsmäßigkeit der Schranke

d) Materielle Verfassungsmäßigkeit der Schranke

aa) Bestimmtheitsgrundsatz
bb) Verbot des Einzelfallgesetzes
cc) Wesensgehaltgarantie
dd) Besondere Anforderungen an den Prüfungsmaßstab?

Hier ist zu beachten, dass die Rechtfertigungsschwelle mit der Intensität einer Ungleichbehandlung steigt,

-> je mehr das Kriterium der Ungleichbehandlung personen- und personengruppenbezogen (also nicht situationsbezogen) ist,

-> je mehr das Kriterium der Ungleichbehandlung einem der Nach Art. 3 III GG verbotenen Kriterien ähnelt,

-> je weniger der Betroffene das Kriterium der Ungleichbehandlung beeinflussen kann und

-> je mehr die Ungleichbehandlung den <u>Gebrauch grundrechtlich geschützter</u> <u>Freiheiten erschwert.</u>

Willkürformel:
Bei Ungleichbehandlung geringerer Intensität wird die Prüfung der <u>Ungleichbehandlung auf das Willkürverbot (Evidenzkontrolle) beschränkt.</u> Danach ist die <u>Ungleichbehandlung schon dann gerechtfertigt, wenn irgendein sachlicher Grund</u> <u>für diese vorliegt.</u>

Neue Formel:
<u>Bei Ungleichbehandlung größerer Intensität ist eine Verhältnismäßigkeitsprüfung</u> <u>durchzuführen.</u>

Demnach ist ein Gleichheitsrecht verletzt, <u>wenn der Staat eine Gruppe von</u> <u>Normadressanten im Vergleich zu anderen Normadressanten anders behandelt,</u> <u>obwohl zischen beiden Gruppen keine Unterschiede von solcher Art und solchem</u> <u>Gewicht bestehen, dass sie die ungleiche Behandlung rechtfertigen können.</u> Ein sachlicher Grund liegt in diesen Fällen also nur vor, wenn die Ungleichbehandlung einen legitimen Zweck verfolgt, zur Erreichung dieses Zwecks geeignet, erforderlich und angemessen ist.